国家出版基金项目

蔡元培全集　卷一一

蔡元培闲墨辑存

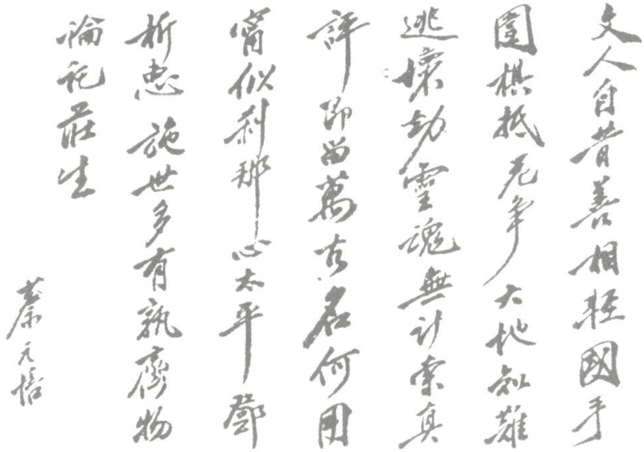

创于1897
商务印书馆
The Commercial Press

青年时期的蔡元培

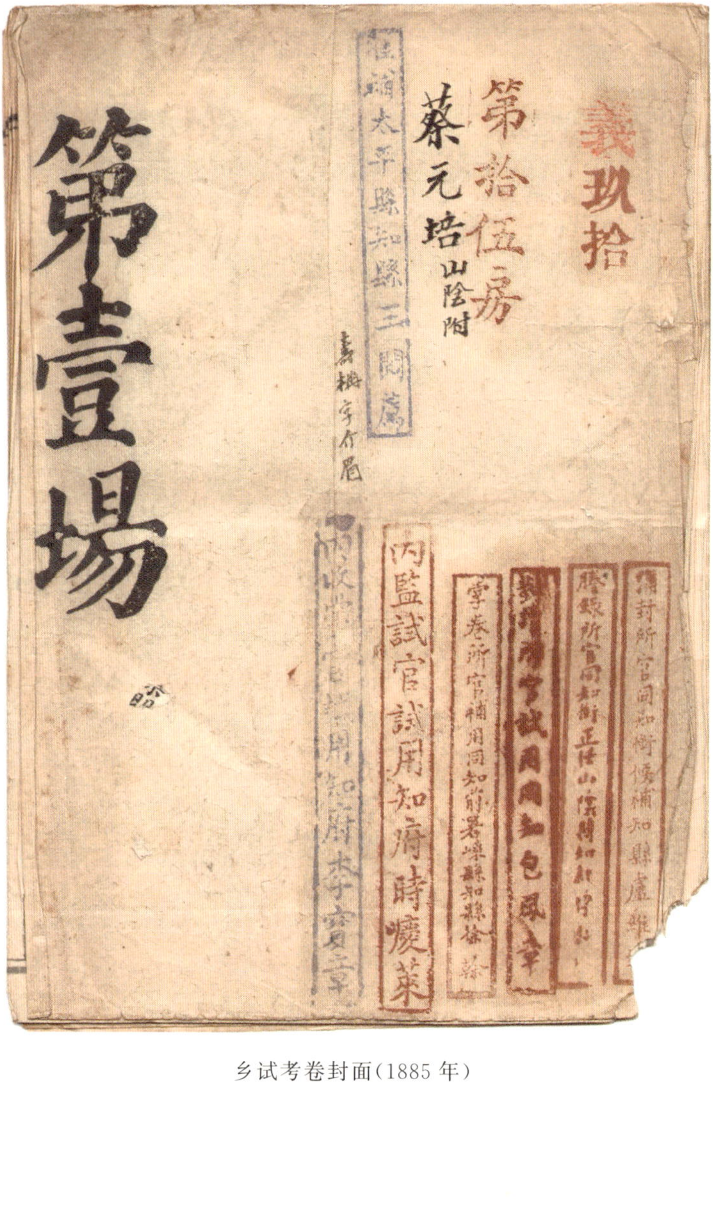

乡试考卷封面(1885 年)

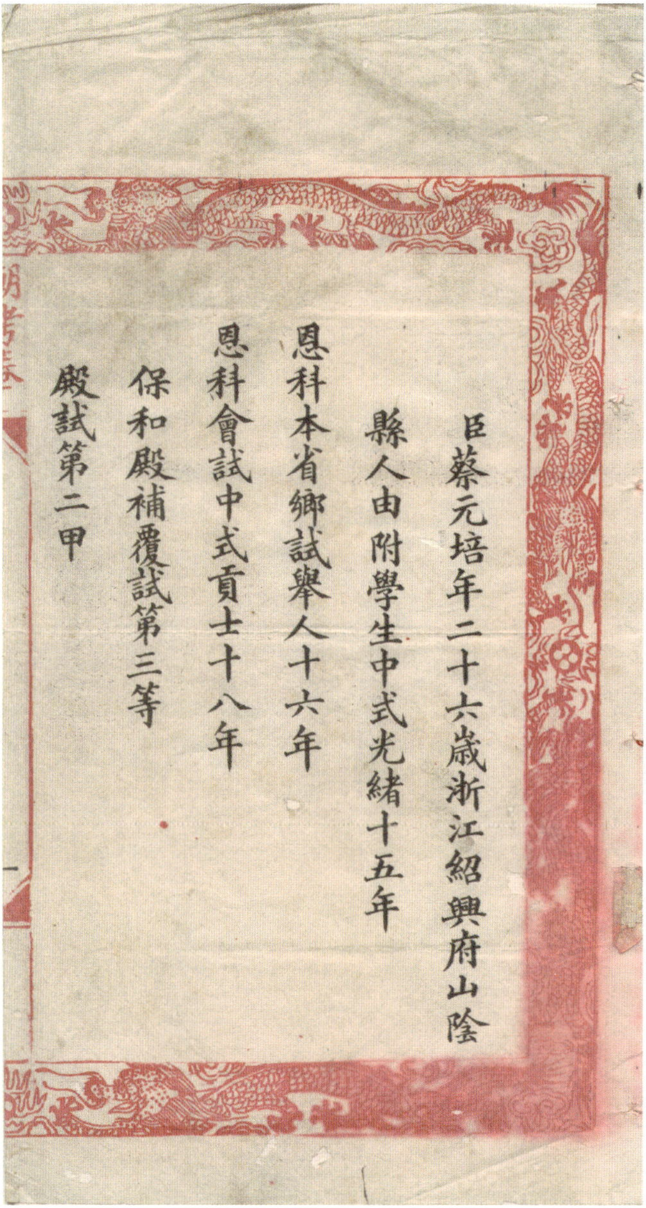

臣蔡元培年二十六歲浙江紹興府山陰
縣人由附學生中式光緒十五年
恩科本省鄉試舉人十六年
恩科會試中式貢士十八年
保和殿補覆試第三等
殿試第二甲

朝考试卷履历部分(1892 年)

蔡元培故乡绍兴柯亭古纤道

《蔡元培全集》编委会

《蔡元培全集》总序

蔡元培(1868—1940),字鹤庼,号孑民,20世纪中国杰出的教育家、思想家、民主主义革命家,曾任中华民国首任教育总长、北京大学校长、中央研究院院长,为中国教育、科学、文化事业的发展做出了卓越的贡献。

1868年1月11日,蔡元培先生出生于浙江绍兴。少有隽才,科举连捷,中进士,入翰林院。甲午战争后,思想为之一变,始涉猎西学,欲求救国之道。戊戌变法失败后,愤而辞官,投身教育革命,毕生不移教育救国之志。

中华民国成立后,蔡元培先生出任教育总长,提出"五育并举"的教育方针,将美育纳入国民教育体系中;取消经科,厘定学校教育制度,设立社会教育司,为民国新教育奠定了基础。1917年,蔡元培先生出任北京大学校长,以"学术至上"为发展目标,对北大进行了彻底改革,"循思想自由原则,取兼容并包主义",促进了新思潮的传播,使北大成为新文化运动的中心、五四爱国运动的策源地、中国最早传播马克思主义和民主科学思想的基地。国民政府成立后,蔡元培先生再掌国家教育行政,借鉴法国教育制度,设立大学院,推行大学区制,持续推动教育制度革新。蔡元培先生提出"以美育代宗教"的思想,并亲授美学课程,推动艺术院校的成立,为中国艺术教育做出了奠基性的贡献。在中国近代教育史上,蔡元培先生无愧为开风气者，贡献巨大，影响深远。

蔡元培先生提倡科学精神，注重科学研究方法的普及，并始终致力于中国科学事业的建设。在校园内，将科学研究视为大学发展的首要任务；在社会上，不遗余力地扶植科学团体，资助科学项目，培育科学人才。晚年，更是倾力创建了中央研究院，并亲任院长直至辞世，历十三年。其间擘画筹谋，延揽专家，扶掖新秀，辛勤耕耘，促进了中国现代科学研究体制的形成，为近代中国科学事业的发展做出了开创性的贡献。

蔡元培先生是一位坚定的爱国主义者和民主主义革命家。二十世纪初，他创办《俄事警闻》，为《苏报》撰稿，在张园演讲；创立光复会，加入同盟会，投身反清革命。“九一八”事变爆发，他以中国文化界教育界领袖的身份，强烈呼吁国际社会制裁日本，热切期盼全国团结一致，抵御日寇侵略。他参与组织中国民权保障同盟，设法营救杨开慧、陈独秀以及许德珩、廖承志、丁玲等一大批革命志士和爱国青年，并被推举为国际反侵略大会中国分会名誉主席。蔡元培先生毕生不畏强权，不计利害，为争取民族解放、保障民主权利做出了不懈的努力。

1937 年底，上海沦陷，中央研究院内迁，作为院长的蔡元培先生原拟取道香港后赴昆明，因健康状况不佳，留港养病。1940 年 3 月 5 日溘然长逝。

蔡元培先生是中国传统文化陶冶出来的学者，又博采西方文化之所长。他博览群书，不囿于一家之言，兼收并蓄，融古今中西学术于一身，时人谓为“学人亦兼通人”。其治旧学，邃于经，兼通诸子百家，文极古藻；其于新学，不以博学为点缀，而是深入探索以求门径。蔡元培先生留下一种博大的精神气象。他道德垂范，以身教代言教，循循善诱，殷殷教导，在潜移默化间影响了无数青年。他有着中国圣贤之修养，德望素孚，受到同时代人的爱戴与景仰。毛泽东赞誉他为“学界泰斗，人世楷模”。他一生历经甲午战争、维新变法、辛亥革命、五四运动以及抗日战争等诸多历史巨变，在教育界、政界、文化界担任要职，产生了重要的社会影响，留下了宏富的著述文献，涉及哲学、教育学、美学、政治学、文学等多个领域，从一个侧面折射了中国近代教育、科学、政治和文化的发展历程，也是了解这一时期政治史、思想史、教育史、学术史的宝贵资源。

蔡元培先生的著述，除部分生前勘定出版的专著、译作之外，还有大量的文章、诗词、讲话稿、讲义稿等。其中，早年所作骈散古文及诗词，多以手稿、影印手迹、抄留底稿的形式留存，大部分为家藏文献。早期所作序跋、题词则多存于相关书刊中，珍藏于图书馆。民国后所作的文章、讲话、公牍、启事、函电及受托撰写的题词、赞、墓表、铭、楹联、他人传略等，数量极多，多数公开刊行于书籍与报章杂志，部分以手稿、影印手迹、抄留底稿等形式由机构或私人收藏。此外，他生前撰有数量可观的私人书信，亦有自钉成册及散篇的日记留存。

系统搜集、整理、出版蔡元培先生著述的工作，在他生前即已开始。而编辑出版蔡元培全集的努力，则是从 20 世纪 60 年代开始的。1968 年，台湾商务印书馆出版《蔡元培先生全集》一册，孙常炜编，收录专著和译著七种，单篇文献四百八十篇，分为“六科”，为著述、论文与杂著、言论与演说、序跋、函电与公牍、附录（收录他人所作纪念文章）；又于 1988 年出版《续编》一册。1995 年，台北锦绣出版事业股份有限公司出版《蔡元培全集》14 卷，依文体和主题分为：自传、教育（上、下）、美育、哲学、政治经济、史学民族学、语言文学、科学技术、书信（上、中、下）、日记（上、下）。1984—1989 年，中华书局出版《蔡元培全集》七卷，高平叔编，编年收录蔡元培 1883 年至 1940 年包括书信、日记在内的各类著述。1997—1998 年，浙江教育出版社出版《蔡元培全集》18 卷，中国蔡元培研究会编，将译著、书信、日记单独编次成卷，其余文献仍以编年形式编排，并补遗一卷。

近年来，随着各类晚清民国数据库的开发和近现代人物著作的陆续出版，诸多以往不为人所知的蔡元培先生著述新文献以及已刊文献的不同版本被重新发现。2015 年，在蔡元培研究专家王世儒先生的提议下，北京大学成立了《蔡元培全集》编委会，新版《蔡元培全集》的编纂与出版提上日程。由来自北京大学教育学院、历史学系、校史馆、图书馆等单位的蔡元培研究、校史研究及近代史研究的专家，以及资深校外学者组成的《全集》编委会，对包括数据库、各地馆藏文献、私人收藏文献在内的资源进行了全面的检索、收集、分析、整理。同时，在蔡元培先生家属的大力支持下，编委会对其著述家藏文献进行了深度挖掘。编委会希望为专业研究者和广大读者提供一套文献完整、校勘精审、分卷科学的全新的《蔡元培全集》。

新版《全集》的编纂工作主要围绕以下几个方面进行。

第一，重新确定《全集》的文献收录原则。经过对蔡元培先生著述的类型、性质、时代特征与留存情况进行全面分析，新版《全集》确定收入的文献包括：署名并公开发表的著述，未署名或未公开发表、经考证为其著述的手稿,函电、日记,由他人记述、转录的演讲、谈话,以及部分已搜集到的题词。

需要特别说明的是,蔡元培先生一生担任过诸多重要职务,任职期间,留下了大量的署名“蔡元培”以职务身份颁布的法令、制定的章程规则、提交的呈文以及发布的布告、启事、公牍、函电等公务类文献。编委会经过慎重研究,决定择要收录公务文献中最能够反映其思想学术的篇目和全部函电,其他公务类文献均不收录。

第二,对已刊文献进行全面整理和重新校订。广泛搜集已刊文献的各种版本及相关信息,逐篇梳理版本流传情况,优先选择作者手定本或最佳版本为底本,遵循全集校勘通例,对已刊文献进行重新校订。

第三,对以往全集失收的文献进行全面的搜集、整理、考证和补充。新版《全集》首次整理收入《石头记疏证长编》(手稿)、《蔡氏切音记号》(抄本)以及《国文科讲义》《伦理概要》《伦理学讲义》《比较民族学》《心理学》《西洋教育史》等讲义稿。演讲类文献新增百余篇。序跋类文献新增近百篇,另收录为书刊展览所作题词130余篇。诗文类文献新增百余篇。科举考卷部分新增童生试考卷15份(诗文49篇)。书信部分新增550余通。译作类新增《教授法原理》一种。综上,总计收入已往全集未收的文献逾百万字。全部新文献一一按照《全集》编撰通例进行整理校订。

第四,对文献性质、撰写时间进行尽可能精确的考证。此次整理,搜集到的文献来源不一,有时难以判断相关文献的作者归属、文献类型,必须一一加以考证。对作者归属尚存疑问的文献,不予收录。对于原始标题近似的演讲、论文、书信等不同类型的文献进行明确的区分。对千余篇文献的写作时间、出版时间以及数百次演讲的发生时间进行一一考证，纠正了大量的时间错置问题。

第五，对《全集》所有文献进行全新分类编排。新版《全集》按文体分类成卷，按著述性质排序，分卷刊行，凡十二卷。专著、著作稿集中呈现蔡元培先生的学术思想与路径，且基本为其生前所勘定，故列为前三卷。论文集、演讲集是集中呈现其思想言论的单篇文献汇编，故列为卷四、卷五。其后为讲义稿一卷，篇幅虽不大，却为蔡元培先生教育实践的最直接呈现，列为卷六。其后为序跋集、诗文集两卷，多维度呈现他的交游与生活，列为卷七、卷八。其后为书信集、日记，作为私人文献，列为卷九、卷一〇。闱墨辑存单列一卷，搜集蔡元培存世的科考试卷，列为卷一一。译著依照惯例，列于《全集》最后，为卷一二。

《全集》的编纂历时八年，主要工作分两个阶段完成。第一阶段，编委会在王世儒、郭建荣、张万仓、陈洪捷的指导下对所有文献进行编年、校勘，具体分工为：刘喜申负责 1883 至 1910 年文献，欧阳哲生负责 1911 至 1916 年文献，王世儒负责 1917 至 1919 年文献，邹新明负责 1920 至 1922 年文献，胡蕾负责 1923 至 1926 年文献，钱斌负责 1927 至 1930 年文献，张万仓负责 1931 至 1934 年文献，郭建荣负责 1935 至 1940 年文献。此外，樊秀丽参与了《妖怪学讲义》的校勘，蔡磊砢负责家藏文献的整理，马建钧负责北京大学档案文献的检索，王世儒和钱斌还提供了多年积累的佚文资料和整理初稿。第二阶段，所有文献分类编排后，娄岙菲和秦素银参与了书信集和译著的校勘，张乐与巫锐、李慧、林霄霄、阙建容博士对《全集》所涉外文部分进行了校勘与修订，各分卷执行主编对各卷进行统稿,并由蔡磊砢进行最后的定稿。

新版《蔡元培全集》的编纂出版,得到商务印书馆的鼎力支持。蔡元培先生与商务印书馆渊源深厚,缘于蔡元培先生与张元济先生同乡,同岁,又同为光绪壬辰年(1892 年)进士,同入晚清政府为官,不仅年谊深厚,更是志同道合。蔡元培先生毕生抱定教育救国之志,张元济先生则以"昌明教育、开启民智"作为商务印书馆的出版宗旨。1902 年,张元济先生入商务印书馆主持编务,蔡元培先生即全面参与商务的各项出版活动。他参与策划编辑教科书、为新书作序题跋;他翻译的《哲学要领》《教授法原理》《妖怪学讲义》《伦理学原理》,以及编撰的《中学修身教科书》《中国伦理学史》《哲学大纲》《石头记索隐》《简易哲学纲要》均由商务印书馆出版,《石头记索隐》最早连载于商务发行的《小说月报》,很多重要的演讲、论文等也发表于商务发行的《教育杂志》《东方杂志》等刊物之上;在商务出版《北京大学月刊》《北京大学丛书》《世界丛书》《万有文库》的过程中给予了大力支持,还曾长期担任商务印书馆董事之职。此次由商务印书馆刊印新版《蔡元培全集》,可谓因缘再续,意义非凡。于殿利和顾青两任领导对《全集》给予了高度重视,商务的编校出版团队对《全集》提供了专业、全面的支持。另外,《全集》的出版得到了国家出版基金的资助,在此谨表示感谢。

感谢北京大学教育学院为《全集》的编纂提供工作上的便利,北京大学社会科学部和学科建设办公室给予经费上的支持,北京大学图书馆和档案馆等机构给予资料检索上的协助。《全集》在资料收集过程中得到无数热心研究者和朋友们的帮助,他们无偿提供了文献的图片与线索,恕不一一具名。在此,我们一并表示诚挚的感谢。

新版《蔡元培全集》卷帙浩繁，涉及多种语言，如德文、法文、拉丁文、英文、日文、意大利文、荷兰文、“世界语”等，内容涵盖了哲学、美学、民族学、文学、史学等学科领域，编校难度极大，疏漏之处在所难免，恳请读者予以指正。

《蔡元培全集》编委会

2024 年 10 月

凡　　例

一、《蔡元培全集》凡十二卷，二十八分册。卷一、卷二收录六部专著，遵从作者生前勘定之书名，按创作先后依次排序。卷三收录著作稿两部，依作者手定稿名，按创作先后依次排序。其余各卷按文体和著述性质依类分卷，并新拟卷名。各卷所收文献，皆按时间顺序依次排序。

二、所收文献皆考证具体日期。日不可考则系诸月，月不可考则系诸季，季不可考则系诸年，年不可考则置于卷末。

三、所收文献皆注明版本出处。单篇文章、演讲及函电的版本信息列于篇首题注之中；专著、译作、著作稿、讲义稿、日记的版本信息列于卷首“本卷说明”之中。

四、所收文献均经校勘整理。凡底本有脱讹衍误者，均予校正。补脱字用[ ]括注楷体字标示，改讹字用( )括注楷体字标示。文献引文与今通行本或有不同，视情况予以说明或校改。

五、所收文献多有译名，凡与今通行译名不符者，一律保留。如原有译名对照表，则以译名对照表为准，篇内统一。

六、所收文献标点情况各有不同。《全集》统一施以新式标点，以国家标准进行统一。

七、《全集》使用通行简体字排版，特殊情况下保留繁体字或旧字形。卷三著作稿使用影印排版，稿中贴条、夹页均保存原貌。

八、各卷选取与该卷写作时期或内容主旨相关的肖像、手迹等图片，置于卷首。

九、各卷封面底图皆为蔡元培手迹。

本卷说明

本卷辑录蔡元培自 1881 年至 1892 年于各级科举考试中所作的诗文及相关文章共 80 篇，包括童试考卷 15 份（诗文 49 篇），乡试考卷诗文 17 篇，会试考卷诗文 8 篇，殿试考卷策论 1 篇，朝考诗文 3 篇，以及 2 篇相关文章。其中 68 篇为未刊文献。

各篇文献标题皆依底本。同一份考卷中的诗文按考卷原序排列。

卷末所附册页为影印蔡元培殿试策论对考卷。

目　录

童　试

乡　　试

会　　试

殿 试

朝 考

童　　试

难　矣　哉* 群居终日章

概人之有所难，以不得其友也。夫人，不欲其有所难也。然群居而言行交失，能不慨其难乎？今使人以所难为虑，而会友以谨言行，安见其有所难哉？若乃昧所难而不知讲学，则忧其入德之甚艰；忘所难而不知为仁，则虑保身之不易。试为感慨言之。觉聚处一堂，正不容于自放也。如群居终日者，既言不义而行小惠矣。比其人果何如哉？使人之言语，本无系乎功修，则所言虽邪，而论其生平，何难及圣神之诣；使人之行为，本无关乎祸福，则所行虽险，而论其究竟，何难消患害之端。若然，则其人无所难矣。而岂其然哉？盖难成者德，必其心极于公平，而后无难于成也。若言不及义，则其心不能公平矣，第存枉曲之思，渐远圣贤之域，而指归不正，已见其德之难成。抑难守者身，必其计异于侥幸，而后无难于守也。若好行小惠，则其计固已侥幸矣。不务至安之策，将有不测之虑，而期望虽殷，已觉其身之难守。难矣哉！此岂其质之过哉？想其人姿质聪明，原不难至于有所难。而因其所言所行，遂难于学道，难于无患也。非然者，因朋友之功，而自精其诣，见爱于人，尚得谓有所难乎？难矣哉！此岂其才罪哉？想其人心思才力，实可至于无所难。而以其所言所行，遂难于法天，难于远害也。非然者，获切磋之益，而堪立其名，更安其体，不可为无所难乎。观人之有所难者，而交友宜审矣。

---

* 以下三篇为蔡元培参加县试第一场所作诗文。据家藏考卷，卷首题“山阴县”。

非无萌蘖之生焉

即萌蘖以征山，非不见其生焉。夫萌蘖，未易生也，然所息所润者，岂不见萌蘖之生乎？今夫生木之区，其木已伐，几疑为无所生矣。抑知始有所生，虽斩伐而生机未息，斯继欲其生，加培植而生意更舒。则一为重念其生，觉有使之生者，不至于无所生焉。日夜所息，雨露所润，其果有所生焉否耶？夫斧斤之伐，早已戕害前日之所生。则虽为所息所润，而既经戕贼，安见其复有所生。抑斧斤之伐，几欲尽昔日之所生。则虽为其所息所润，而既被伤残，安见其更有所生。虽然，莫谓其无所生也。若盖所生者虽经戕贼，而其根未拔，尚可为生长之基。特虑欲生之候，无使之生者耳。兹而日夜所息，雨露所润，已有以使之生也，岂犹至一无所生欤？所生者虽被伤残，而其气尚凝，自可为生成之本。特忧将生之时，无引其生者耳。兹而日夜之息，雨露之润，已有以引其生也，岂不见又有所生欤？自吾思之，非无萌蘖之生焉。使其不生，固可谓其不能生也。而今则萌蘖已生矣，虽未生轮囷之势，虽未生阴翳之形，而望其冈陇，究非无直生之萌，究非无旁生之蘖焉。使其不生，更可咎其不能生也。而今则萌蘖已生矣，虽未生拔地之姿，虽未生参天之荫，而望其崚嶒，终非无早生之萌，终非无次生之蘖焉。而奈何牛羊又从而牧之。

赋得山园三亩镜湖旁得三字五言六韵

山园诚不小，计亩数传三。
户外湖名镜，门前水映岚。
栏杆曾可倚，花卉岂难探。
秀定千岩竞，光原十里涵。
跃渊鱼戏北，匝树雀飞南。
遥想洪都阁，高高印碧潭。

其　　次[*] 辟地上二字

次不一次，可先论夫贤者之次也。夫不特贤者有次，所以不一次矣，乃观其次为贤者之次也，不可先论其为次哉。且天下有次于贤不得，次于贤不必者，安可漫视以次哉。然或次于贤不得，次于贤不必，而在在为贤之次也。何次之为次，竟有适所以成贤之次者耶？如吾于辟世者，称其贤者矣。夫可辟而辟，何必贤者哉？则试念贤之次也。可贤者之次不一，或狂也，或狷也，无不为贤者之亚也。而今则未成一篑，犹知非义之难安，则不谓之次也乌乎可！贤者之次不苟，为善也，为恒也，尚不为贤者之属也。而今则稍逊一筹，亦能知其所当止，则不谓之次也乌乎可！是所谓其次而已也，则将摈斥其次乎，而亦何必摈斥也。凡当摈斥者，为无关于次也。至既关于次，则犹成为贤之次矣，而何必摈斥其次，则将推重其次乎？而亦何可推重也。凡当推重者，为其不限于次也。至既限于次，则亦可为贤之次矣，又何必推重其次？其次亦能有为也，其次亦能有守也，岂得谓其次终无所能也？然而世当晚近，天下之贤久杳，能不拟议之曰其次。其次亦常抱道也，其次亦常志邦也，安可谓其次必无足用也。然而俗颓浇漓，古今之贤已迈，能不评心论之曰其次。观于辟地，非辟世贤者次哉。

---

* 以下三篇为蔡元培参加县试第一场所作诗文。据家藏考卷，卷首题“山阴县”。

故为渊驱鱼者

鱼有不安于渊者，其故可思矣。夫鱼固在渊也，而乃驱之矣。果谁为之哉？《诗》有曰：鱼潜在渊，或在于渚。知鱼之于渊，固为潜伏之所矣，岂肯舍渊而他适哉？夫渊为鱼所安之处，而乃有不安者，使非有迫之之来，亦何为而有不安于渊者耶。犹水就下，犹兽走旷，民之归仁，岂无故而如是哉。虽然，人以有故而如是，物有故而必如彼也。试先论夫鱼。好静者鱼之性情，宇宙内一朝之衅，当深其轻弃之防。静乃情所恋，鱼亦特固审慎矣。既可避目前之祸，复可图此后之安。此鱼所以有取于渊也。畏祸者鱼之性，天壤间完全之境，每出于至险之境途。祸为福所倚，鱼亦谨慎为怀矣。既能避数罟之入，复能免丝缗之加。此鱼所以有赖于渊也。且夫鱼之有取于渊，而鱼得以静。鱼之有赖于渊，而鱼得无祸。鱼固甚赖有此渊，鱼亦甚幸有此渊也。而不知甚赖之渊已转而为甚危之渊，甚幸之渊亦转而为甚畏之渊。噫！此何为哉？此何故哉？吾知之矣。盖渊之中有为渊驱鱼者。而果谁为之哉？獭也。

赋得蘋以春晖得蘋字五言六韵

那得清如许，平铺映日蘋。
半江春别朴，前岸绿加匀。
屋角方开杏，桥头已射莼。
柳湾波似縠，花径露同轮。
聚散微风约，浮沉细雨频。
偏惊娱物候，淑景帝城新。

斯友一乡之善士，一国之善士；斯友一国之善士，天下之善士；斯友天下之善士，以友天下之善士为未足*

取友始于一乡，不以天下而足也。夫取友一乡，善士诚未足也。然天下之士，岂以天下而足乎？今使人求其同类而限于同方，此固有不足一而足者矣。顾取诸里党，神交者未必神怡。而遍乎寰区，心契者岂真心满？试为由始观终，觉限于地者固歉然也，而限于时者更欿然矣。吾言一乡之善士，是未足为天下之善士，并未足为一国之善士也。岂敢曰苟如是，是亦足乎？然既为一乡之善士，斯亦足以友一乡之善士矣。宇宙间善类甚繁，而限以家乡，固未足慰其愿矣。然使貌躬之材学，不足盖率土之英才，则虽教育有深情。而同气同声，总不越乡关之外。寰海内善良不乏，而限以乡遂，更未足餍其心矣。然使一己之声名，仅足胜一隅之贤哲，则当感乎在近地。而有直有谅，稍堪结交友之情。友一乡之善士，以自为一乡之善士也。岂敢自以为足乎？顾士有因一乡而不足者，亦有不必因一乡而不足者也。当其因乡邻之相近，而订交结契，欲积少以成多，非仅望一邦之豪杰也。至欲使寰中君子，悉订芝兰，则

---

* 以下三篇为蔡元培参加童试中一场初复所作诗文。据家藏考卷，卷首题“山阴县”。

此外更无余望矣。如其慨朋友之无多，而砥行立名，忽出类而拔萃，则无论一都之英俊也。即至于海内贤人，尽盟车笠，而此际犹难满志矣。何也？天下之善士，固以友天下之善士为未足也。统天下尽忠尽孝之俦，而悉为结纳，视向之友一乡而已足矣。然善士岂能自足乎？道德文章之彦，于天下见之，不于天下始之，使执此以求，吾恐未得之士居多，而所得之士转少矣。方以类聚，物以群分，岂足慰善士之愿哉？合天下希圣希贤之辈，而尽与交游，较初之友一乡而为足矣。然善士岂敢自谓足乎？功名节义之儒，不于天下尽之，岂得以天下概之，使因此自画，则是行善之士无可穷，而乐善之士有所遗矣。女惟不矜，女惟不伐，谁足餍善士之心哉？夫以友天下之善士为未足，无怪始以友一乡为未足也。何也？善士固尚论古人者也。

七日来复

一阳来复，期可断以七日焉？夫复为建子之月，正值一阳来复也。若来复之期，不可断以七日乎？且自《剥》为穷上反下之卦，而阴气用事，阳气几尽矣。顾阴盛阳衰，阳既因剥而至尽，则阴消阳长，阳必积渐而始生。冬至其阳生乎，觉由衰反盛。其酝酿固非一日矣。阴反复其道，固已。顾阳之剥者，岂有不复哉？风已寒而雪已霏，阳德虽消，岂必静而无动，使谓锢蔽终深，则调剂在鬼神，讵难胜阴柔之气。水始冰而地始冻，阳和已失，几如靡有孑遗，使谓转移甚捷，则流行归造化，讵必俟时日之延。是阳固不得未有不来复者也。即未有远来复者也，欲断其期，则七日来复而已矣。当其未复之先，或一阴而五阳，或二阴而四阳，或三阴而三阳，阴渐盛而阳渐衰之候也。至于灵台书云物之祥，缇室吹葭灰之气，则无阳者忽为有阳，而来复之兆见焉已。当其未复之时，或四阴而二阳，或五阴而一阳，或六阴而无阳，阴极盛而阳极衰之时也。至于律中乎黄钟之气节，气动于黄泉之中，则阳尽者已觉阳生，而来复之机露焉已。夫先甲三日，后甲三日，《蛊》之卦曾言之矣。而来复者不然也。由衰及盛之时，蒙于阴者几何日？发其阳者几何日？觉古之来复者固七日，今之来复者亦七日也，能不以七日断之哉？抑先庚三日，后庚三日，《巽》之卦又言之矣。而来复者不尔也。由消及长之时，潜而伏者几何日？显而见者几何日？觉前之来复者惟七日，后之来复者亦七日也，不可以七日决之哉？

赋得贪看梅花过野桥得桥字五言六韵

镇爱寒梅好，梅偏隔野桥。
花花缘水放，步步引人遥。
影落波光浅，香浮月色饶。
只因闻鹤唳，不觉过虹腰。
踏去云双屐，倾来酒一瓢。
和羹谁待用，渭水碧迢迢。

而直寻者，以利言也，如以利，则枉寻*

多直者不能无枉，斯少枉者不妨多枉矣。夫使有直无枉，则不必极言夫枉矣，乃不能无枉也。言利者盍观枉寻乎？今使人动必以直，则不欲稍有所枉也，又何论大有所枉哉？乃逞其心，而多直者不求无枉，斯充其类，而少枉者不妨多枉，是岂有直者即不妨言有枉乎？而利令智昏，不嫌极言夫所枉焉。志言枉尺，意盖谓尺枉而寻不枉也。尺枉而寻自直也，而吾乃释然于直寻之说矣。寻较尺为倍长，而寻虽未枉，尺且先枉，固已可恶其枉也。藉非志役功名，则岂其絜短较长，犹幸所伸之浮于所屈，寻视尺为甚多，而寻之直虽与枉殊，寻之直实从枉出，已足患其枉也。藉非心熏利禄，则何以立言垂训，犹夸所得之多于所亏，是吾固释然于直寻之说矣。夫言利者之言直寻，固谓其少枉也，固谓其不至于多枉也。虽然，有不得不念所枉者，人苟守正直之怀，而不以利薮名场，稍学逢时之技，则去利者必不就枉。初不动于枉之少，自无论乎枉之多也。奚庸纵言夫枉也，人苟慕刚直之节，而忽以急功近利，稍行阿世之风，则贪利者不知避枉。初不问所枉之有无，将渐忘所枉之大小也，何妨极言所枉也。则且为言利者极诸枉寻矣，夫寻之为数也

---

* 以下三篇为蔡元培参加童试中一场初复所作诗文。据家藏考卷，卷首题“山阴县”。

多，寻而枉也，迥异乎枉尺之枉矣。然希宠梯荣之候，第求有利，不求无枉，则枉尺者安知不转为枉寻也。虽子引直寻，原非虑及枉寻，而一穷其毙，有不妨易直寻为枉寻者矣。寻之为量也大，寻而枉也，似无关乎枉尺之枉矣。然卑躬屈节之时，始就利而甘就枉，继见利而不见枉，则枉尺者安知不旋为枉寻也。虽志言直寻，未尝递及枉寻，而一推其类，有不嫌转直寻为枉寻者矣。夫枉寻者虽不因直寻而利，未必不因直尺而利也。如以利言也，则亦可为与。

学于古训乃有获

学则有获，以所学者为古训也。夫使学非所学，则终无所获矣。惟学于古训也，乃见其有获耳。今夫人居今稽古，鲜不谓我思古人，实获我心矣。顾思古人而见其获我之心，尤必赖古人而得以获我之益。此不能置予身于当日也，不能起古人于今日也。亦惟诵习于古人之书，而获益自觉其无方尔。求多闻而建事，固已。顾事亦何以有获哉？师保在前，箴规在后，非不有所获也。然徒恃数人之议，一世之言也，自别有至广者在矣。访诸士庶，询诸刍荛，非不必无所获也。然犹有纯驳之殊，挂漏之患也，自别有尽善者在矣。盖有古训在也。盖古人治己治人，既皆秩然而不紊，而又记之典籍，以为后世之仪型。累世积之，夫固无不备矣。抑古人作谟作诰，既已厘然而可凭，而当垂诸篇章，迭经圣人之损益。历代酌之，夫固无不善矣。是古训固不可不学者也，学之乃有获矣。学仅以口耳为功，则涉猎不深，学焉而未必有获也。惟先之以诵读，而继之以心思，则无论伏羲之训、神农之训、尧舜之训，学之则皆有所获矣。何患不学无术哉？学仅在荒渺之书，则怪诞不经，学焉而不必有获也。惟不求其神奇，而悉承于宗祖，则无论成汤之训、太戊之训、盘庚之训，学之则俱有所获矣。何难反古之道哉？而不然者无所获矣。

赋得欲语羞雷同得军字五言六韵

羞向边营里，人云我亦云。
雷同宜禁止，月旦任纷纭。
耳食原堪耻，心裁本不群。
文章除臭腐，叱咤拟风云。
但使千秋赏，何须百里闻。
万言当日试，笔阵扫千军。

其然？岂其然乎？*

姑按之而重疑之，未敢信以为然也。夫如贾所言，文子未必能然也，子能不姑按其然，而重疑其然乎？今使人以为然，而实见其然。吾固可深信其然，而不转疑其然矣。若乃人以为然，而未必其然，吾岂可遽信其然，而不重验其然乎？一为念子之言，觉骤聆之而几信其然者，转思之而难信其然也。子之于夫子也，以为时言有然，乐笑有然，义取有然，子不已自信其然，而不疑其然乎？而吾乃先念其然，学臻神化。吾于夫子，固望其能然也，而如子之言，则吾所望其能然者。果已见其然，德至中庸，吾于夫子，又虑其不然也。而如子之言，则吾所虑其不然者，果已觉其然。然则吾将信其然乎？吾将称其然乎？抑且乐其然，服其然，而未尝疑其然，讶其然乎？而吾窃思之，卓然之诣，吾尝求之于古人，以为必有然者耳。乃求诸古，而庸人既不能然，贤人亦不能然也。固慨其诣之难成，已无能然者矣。而夫子乃已觉其然欤？粹然之行，吾尝求之于斯世，以为定有然者耳。乃求诸今，而下士既不能然，智士又不能然也。固叹其行之难造，已无若然者矣。而夫子乃已见其然欤？非敢谓夫子之立身，必难期其然也。别离已久，岂能悉其生平？第以美备难臻，吾虽冀其然，而未尝料其果然。子乃独以为然也，岂细

* 以下三篇为蔡元培参加童试中一场初复所作诗文。据家藏考卷，卷首题“山阴县”。

思夫夫子，而诚自然而然乎？非敢谓夫子之制行，终难望其然也。学问渐深，岂能知其毕世？第以高深难极，吾虽欲其然，而未尝度其真然。子乃信以为然也，岂审观夫夫子，而已欲然而然乎？其然？岂其然乎？子试思之。

修辞立其诚

修其辞者，君子立其诚焉。夫修辞，固贵立其诚也。而君子之修，不先立其诚乎？且以谝言之截截也，其使人易辞者，安能立其诚乎？顾出言或远于真诚，而驰说宜归于诚实。无妄其谁能乎？而德之成者，自觉其言之信矣。隽德修业，君子既有然矣，然岂仅观诸此哉？试进观其修辞。在宗庙有辞，在朝廷有辞，辞固关乎荣辱也，修意之时，可不深其郑重？于下民有辞，于他国有辞，辞固系乎吉凶也，修文之候，岂可肆其诈虞？则必悉去其伪，悉除其私，而一本乎诚悫之心，以修其辞命。则必勿贰以二，勿参以三，而一由乎款诚之意，以修其言辞。是修其辞者，固必立其诚也。而谁能立其诚哉？小人竞尚欺诬，而早忘其诚信。是故乱其忠佞，乱其得失，乱其邪正。在彼或不自知也，而有识者微窥底蕴，深惜其不诚矣。华士每崇粉饰，而不顾其精诚。是故张其是非，张其祸福，张其利害。在彼或不自戒也，而有心人静挹中藏，深忧其不诚矣。此修辞而不立其诚者也。若君子则立其诚矣。有此时虽见其诚，而他时不见其诚者，此不可谓立矣。而君子岂其然乎？一时能诚，逾时亦能诚。盖无辞则已，有辞则定觉其诚也。夫岂非立其诚哉？有此事可望其诚，而他事虽望其诚者，此非足为立矣。而君子岂若是乎？一事能诚，万事尽能诚。盖不修则已，既修则必欲其诚也。夫岂非立其诚哉？所以居业也。

赋得下笔春蚕食叶声得蚕字五言六韵

健笔方齐下，依然食叶蚕。
字原陈砚北，声自起窗南。
成阵军堪扫，生花梦已谙。
试来言累万，眠矣数传三。
正值纵横写，疑听咀嚼甘。
雕虫群逞技，一战想初酣。

蘧伯玉使人于孔子*

卫大夫素与圣相契也，因使人于圣矣。夫蘧伯玉素与孔子相契者也，及孔子既已反鲁，伯玉能不使人于孔子乎？且使心乎圣人，而觌面相逢，亦何必使人以通情哉？顾两人未别，原无藉行李之膏车。而一介相通，岂不由尼山之反鲁？于以知相契甚深者，既难邂逅相逢，有不能不遣人以通其情尔。如卫有贤大夫曰蘧伯玉者，其于孔子，不已成莫逆之交耶？夫伯玉贤人也，孔子圣人也。伯玉之于孔子，道义之交。固欲尝与之居处，以共相琢磨。不欲两地睽违，往见不能自去。抑伯玉知孔子者也，孔子知伯玉者也。伯玉之于孔子，辅仁之友。固欲尝亲其言语，以自深黾勉。岂欲数都睽隔，去通仅可行人？乃日者孔子自卫反鲁，而伯玉使人于孔子云：齐之晏平仲，子尝称其能善交。使其使人于子也，则必子在临淄时相契有真，故子在阙里时相通有日。而孰意其无有而惟蘧伯玉有也。子当处淇水之时，伯玉固已友之有素。及子反杏坛之际，伯玉亦更接之不疏。则当此尺书之远至，正可见其念友之诚矣。郑之子产，子尝称其为惠人。使其使人于子也，则必子在虎牢时知之已信，故子在洙泗时亲之甚深。而孰意其无有而惟蘧伯玉有也。

---

* 以下三篇为蔡元培参加童试中一场初复所作诗文。据家藏考卷，卷首题“山阴县”。

子在泉源之地，伯玉固已信之甚深。及子在东鲁之区，伯玉亦且访之甚急。则当此一使之遥来，正可知其怀圣之切也。使伯玉而使人于他人，则是春秋之常事，固不足志。若伯玉则与孔子同声相应，同气相求，其心盖绝不忘夫孔子，而有此使也，则其使不可不志。而况乎不仅为伯玉之使人而志之也，此特先志其使人尔。使孔子而使人于伯玉，则圣人之忠信，果足堪志。若伯玉则与孔子同心可告，同调可赓，其心盖纯思念夫孔子而有此使也，则其使必藉乎志。而况乎更有因伯玉之使人而志者也，则必先志其使人矣。试进观之。

臣克艰厥臣

臣卑于后，夏王思克艰厥臣也。夫臣不可不克艰厥臣也。大禹继后而言臣，能不念克艰厥臣乎？且以人之为臣者，孰不有其职，即孰不当尽其职哉？顾既掌其职，原不可不自尽其职。而欲尽其职，先必不敢易其职。于以知为人臣者，不必忧不能尽其职，而但忧不能不敢易其职。而吾乃重念夫人臣之不敢易其职。如后既克艰厥后矣，而臣则何如？拜手扬言，为臣者岂可废此？然非徒拜扬之末节而已也。贵知为臣之不易。歌功颂德，为臣者岂可不然？然非徒歌诵之虚文而已也，当知为臣之甚难。盖臣之当克艰厥臣，犹后之当克艰厥后也。今夫臣皆各有所司也。或司天时，或司水土，或司百谷，或司五教，或司五刑。使皆轻易其所司，则必怠忽其所司，戏豫其所司，而终必废其所司之天时，所司之水土，所司之百谷，所司之五教，所司之五刑，而不觉。臣亦更各有所掌也。或掌百工，或掌庶物，或掌三礼，或掌和乐，或掌纳言。使皆不慎重其所掌，则必不能戒谨其所掌，恐惧其所掌，而终必荒其所掌之百工，所掌之庶物，所掌之三礼，所掌之和乐，所掌之纳言，而不知。处艰难之地，而怠忽自安。一切忠君治事，不复知所戒慎者。智已昏也，精神忽于宵旰，而宜作事之时，日事戏愉。推其心，几不知虎尾春冰，古何为而致儆也。果谁则能不然者？处艰险之区，而嬉好自处。一切尽忠补过，不复知所敬畏者。心已昧也，念虑懈于几康，而当燕息之间，渐开狎昵。究其意，已不知衣袽驭索，古何为而相戒也。又孰则非然者？乃若既克艰厥臣矣。夫如是，则可以善君之略。旦夕辛勤，未尝宽于一日。夫如是，则可以安国之谋。夙夜尤思，未尝息于一朝。政乃乂，黎民敏德矣。

赋得冬岭秀孤松得冬字五言六韵

岭有孤林秀，冲寒节届冬。
松围云忽断，盖覆月难容。
霜雪曾经染，婆娑未减浓。
聊存高士迹，讵恋大夫封。
老鹤三更梦，苍髯一笑逢。
扶筇间眺望，到处色葱茏。

不如善教之得民也。善政，民畏之。善教，民爱之。善政，得民财。善教，得民心。孟子曰：“人之所不学而能者。”*

善教更深于善政，征人之所自能者焉。夫善教之得民，非善政之得民可比也。而人之所能，不可征不学而能者哉？今以上之贵乎教也，欲民劝而先举善者，非当教不能者哉？乃训导维殷，成法难齐其尽善。而简编未习，伊人非至于无能。夫乃知常切薰陶者，可征其善也。而无俟钻研者，可验所能矣。吾言善政，非以政之宜善哉。夫《书》言“不学者之莅事惟烦”。先言学古者之行政不迷，是不学而不能行政，必学而后能行政，固见善政之重矣。虽然，独不有善教乎？设学校，立庠序，非教之善者也。惟能先尽其事，而以训其民。则善教之感孚，更胜于科条之布。示孝弟，明伦常，非教之善者也。惟能先尽诸躬，而后敷其教。则善教之感格，更胜于法制之修。是善教之得民，非善政之得民可比也。明其不如，为上者固当求其能矣。今夫善教之得民，何以非善政之得民可比哉？诚以施善教于民，即可以致民爱。彼善政治之致民畏者，不如其能致民爱也，而且可以得民心。彼善政之得民财者，不如其能得民心

---

* 以下三篇为蔡元培参加童试中一场二复所作诗文。据家藏考卷，卷首题“山阴县”。

也。上苟能施善教，则民由深爱其圣谟，而能自复其恒心矣。不已能其所不学而能者哉？乃日者，孟子更念夫人之所不学而能者矣。人之所当学者，每不学而不能，既学而后能，安有如不学而能者之易乎？然人当不能学之时，在己不求其善学，在人不望其有能，而未经服习，偏有自然而能者。此固不学而已能者也，能不验其所能哉？人之所欲能者，每不学而难能。俟学而可能，安见如不学而能者之利乎？然人当未尝学之日，在己不期其有能，在人不教以力学，而未切研求，偏有其觉其能者。此固不觉学而自能者也，能不按其所能哉？盖不学而能者，其良能也，不俟乎能学，岂俟乎善教耶？

“五性感动，而善恶分，万事出矣”论

今夫五常之有性也，浑然之候，固无所谓善恶，无所谓万事也。一自五常之性，感于万物而动，而不静，于是善恶始以分，万事始以出矣。不然，而天下之人，不将终无善恶之分，莫见万事之出耶？旨哉！周子之言曰：“五性感动，而善恶分，万事出矣。”试申论之。或者谓五常之性，不过理耳，不过气耳，不有所谓善恶也。即不有所谓分也，不有所谓万事也，亦不有所谓出也。世之善恶，即有所由分。夫岂因五性感动而分？世之万事，即有所由出，要岂因五性感动而出乎？抑知五常一五行也，五行一阴阳也。阳者为善，阴者为恶，是善恶因五性而分也。五行化生万物，而世之万物，即人之万事也。五性之殊散为万事，是万事因五性而出也。所以五性感动，而善恶于是乎分，万事于是乎出。使五性感动之候，仅见善恶之分，而未见万事之出，其所见犹偏。使五性感动之时，仅知万事之出，而未知善恶之分，其所知犹浅。盖有五性，即有善恶，即有万事。有感动，即有分，即有出。断无善恶分而万事不出也，断无万事出而善恶[不]分也。五性感动，而善恶必分矣，万事必出矣。

赋得白战不许持寸铁得持字五言六韵

雪夜长吟候，曾夸白战诗，
六花诚咏叹，寸铁岂操持，
王戏情堪拟，风飘阵自奇，
空空凭妙手，落落写新诗，
击钵摧原急，弹琴啸亦宜，
挥毫看律整，千古仰东坡。

或　生*

人以生论，有异乎众生者焉。夫人，莫不有与生俱来者也。然即以生论，不有异于众生者乎？且人受天地之中以生，莫或异于有生之后，岂或异于有生之初哉？顾秉性而生，无或拔出于生类，而受质而生，亦或超出乎生民。岂必生是使独乎？而蚩蚩者羡其生，昧昧者惊其生，正不妨先验其生尔。达德不废一，达道不废三。此皆与有生俱来者也，而吾乃观夫人之生。一生之甘苦何常？较诸平生，穷诸毕生，本不限于初生时也。则虽或以崧生，或以岳生，俱不必震惊其生质。人生以天地为心，降衷而生，秉彝而生，本莫异于始生候也。则虽或为笃生，或为挺生，亦不必歆羡其生姿。然而人每诿诸生质也，人每羡其生姿也，则以人固或有异乎众生者也。浚哲之生亦偶耳。或间数十年而生，或间数百年而生。重其生，鲜不异其生矣。然生者之异，不在既生之后，而仅在方生之初。则即如尹生空桑，夷生孤竹，亦不过寡识者或异其生尔。明圣之生亦罕矣。或间数百里而生，或间数千里而生。羡其生，鲜不奇其生矣。然生者之奇，不胜人于已生之时，而徒胜人于始生之候。则即舜生诸冯，文生岐周，亦不过浅见者或奇其生尔。夫强干植生，弱枝旁

---

* 以下三篇为蔡元培参加童试中一场二复所作诗文。据家藏考卷，卷首题“山阴县”。

生，冥然者诚足忘其生矣，而岂可以例人之生乎？想人当并育孤生，莫不得扶舆之精，以诞生于宇宙。而或者得天独厚，则不必待及半生，已觉不虚此生也。能勿为自诿者念其生哉？抑走者胎生，飞者卵生，蠢然者不足念其生矣，而岂可以拟人之生乎？想人当形生神发，莫不秉秀灵之气，以生长于寰区。而或者间气独钟，则应运者此生，拔萃者亦此生也。能勿为相惊者观其生哉？盖知之而不待学之也，而学知困知，其所知要岂有异哉？

“师道立则善人多”论

尝闻修道之为教，此圣人百世之师，所以为天下善也。盖天下本无不善之人，而人每染于不善之习。斯必圣人作之师，而有以禁其偏心，有以养其正气。即有以化天下之人，而同归于善。如周子所谓“师道立则善人多”是矣。试申论之。盖自师儒杂，异学炽，后学皆无所效法。而刚者将入于法术刑名之党，柔者且入于清净寂灭之家。否则为强梁，为邪佞，且以济阴谋，偾正事，而世变亟矣。安得一能立师道者而挽之？顾或谓蓬在麻而不扶自直，竹在山而不揉自直，道若大路，归而求之有余师。此何待师道之立者？而况唐尧之臣有四凶，周公之亲有三叔。安见师严道尊，即可与人为善哉？然而天之生斯民也，使先知觉后知，先觉觉后觉也。闻清圣风而顽廉懦立，闻和圣风而鄙宽薄敦。即孔子设教东鲁，而弟子三千人从焉，且致鲁为文学之邦。而后世兵临城下，犹四境闻弦诵声不辍，非其大彰明较著者与？是知圣人修道以设教。虽间有下愚不可移，而善人既多，不善者不过一二人而已，亦未有久而不与之俱化者也。圣人之为天下善也如此。

赋得各为题目得公字五言六韵

甄别分题目，人人各献忠。
材猷推晋士，品望仰山公。
体孰笺疏拟，文谁表奏通。
才华堪日试，称说莫雷同。
十倍增声价，千言自始终。
和声鸣盛世，异曲却同工。

我不识能至否乎*

疑人贤之至朝，欲证趋造之说焉。夫既曰趋，则孟子宜已至也；而直曰至，则孟子又未尝至也。此所以谓未识至否乎？意谓：我自见夫子之稍免于病，趋造于朝也，早知其有薄言至止者矣。顾程途可溯，知其一往不回；而迟速有分，未可悬揣而定。其已在廷耶？其尚在途耶？盖见在行者，固未见其止也。

病小愈而趋造于朝，夫子岂有不至者乎？夫乘兴而来，尽兴而返，访友者既至而忽不至矣。兹也欲效王命，非同游目骋怀，则载欣载奔，何至自崖而反。抑南山之南，北山之北，求士者欲至而不克至矣。兹也欲造王朝，无虑途穷日暮，则时行时止，自将觌面相逢。

是夫子谅未有不至者矣。然当此之时，其果至乎否乎？使其在千里百里而遥，则悬而拟之，可识其不至矣。兹则地非极远也，接武布武，或已至殿陛之间。使其在十步五步之近，则悬而揣之，可识其已至矣。兹则地非甚近也，载驰载驱，或未至堂阶之下。

且使就道之时，去此不过顷刻，则此时之不至可识也。今也非为时无几，敢决其刺之未投。使遄征之候，到此已历韶华，则此时

---

* 以下三篇为蔡元培参加童试中一场二复所作诗文。据考卷原件，卷首题“山阴县”。

之已至可识也。今也相去非遥，敢决其笏之已搢。至乎否乎？非我所得而识也。

如夫子而已至也，并坐鼓瑟，并坐鼓簧，固可幸其至矣。然我则未敢决其至也。想人当跋涉道途，或遇信友而立谈，或过故家而入访，夫子其免此否乎？行止有殊，而情形难悉，我亦仅识其奔命之忱尔。

如夫子而早至也，以永今朝，以永今夕，固可乐其至矣。然我未敢决其早至也。想人当风尘奔走，或则间歇于半涂，或因困疲而缓步，夫子其异此否乎？早迟莫测，而意见难凭，我亦仅识其造朝之意尔。

若夫吾子反命之时，则夫子谅至于朝矣。

“君子修之吉，小人悖之凶”论

尝闻圣人定之以中正仁义，斯固存诸心无待乎修，体诸身无所为悖，而以鬼神合其吉凶者也。乃圣人以下，有敬焉而几于圣人者，有肆焉而反乎圣人者。此其效判吉与凶，其功判修与悖，而其品本分君子与小人，如周子所谓“君子修之吉，小人悖之凶”者是矣。试申论之。

或谓古之君子，履中蹈和，居仁由义。有凶而不吉者，夷齐饿于首阳之下，展禽终于柳下之名。颜渊好学而贫而不富，夭而不寿。即如世之学问纯粹，而终身潦倒者，且至更仆难数也。天道福善，徒虚语耳。

且也君子道消，斯小人道长。如春秋之盗跖，及后世贼民之相、篡国之臣，其邪僻则悖乎中，其暴戾则悖乎和，嗜杀则悖乎仁，妄取则悖乎义，而且得享其富，保其贵，以常生于天地间也。岂得谓悖之者之必凶耶？

而抑知君子修之，则后世必飨以俎豆，勒以碑铭，而即其人而想慕之，即其名而称道之，是千载流芳也；小人悖之，则人恨不得加以刀锯，刑以鼎镬，而特即其人而怨怒之，即其名而诟詈之，是万年遗臭也。穷君子者，若以表其贤；福小人者，若以厚其毒。盖君子不修，则穷不止于此；小人不悖，则福不止于此也。《书》曰：“作善降之百祥，作不善降之百殃。”其谓是与？

赋得弱冠弄柔翰得柔字五言六韵

弱冠才华具，毋将此笔投。
读来书自富，弄去翰还柔。
年尚垂髫也，人思脱颖不？
生花时有梦，滴露节非秋。
妩媚词应秀，纵横力自遒。
挥毫歌史事，英气大冲留。

为天下得人难。孔子曰：大哉！*

且自完才难得，而霸佐嗣兴。即器如管仲，圣人尝叹其小矣。乃知之维艰。受位者原关四海，而会其有极。尚论者首赞一辞，官人其难之乎。觉既观于举贤之郑重，尤难忘于至治之恢宏也。

---

* 以下四篇为蔡元培参加童试中一场三复所作诗文。据家藏考卷，卷首题“山阴县”。

有天民者，达可行于天下，而后行之者也；有大人者，正己而物正者也

臣有不以悦言者，可略分期等焉。夫既有天民，又有大人行与正皆及天下也。然有意于行，易若无意于正者乎？且自游侠之风盛，而世几无用行舍藏之士矣，又曷论存神过化之人哉？顾圣贤虽不可逢，而品业犹有可考。试由国士而进稽之。觉外轻内重者品已高，而无心成化者业更大矣。以安社稷为悦，是安社稷之臣，固不同为容悦之臣矣。虽然，犹有进笃忠贞于邦国，既不能先知先觉，使天下一德而同风，则品诣未尊，安得谓尽心竭力之臣？无非尔尔。掌谏教于方隅，更不能无臭无声，使天下迁移而默化，则事功未盛，岂得谓致君泽民之辈？莫不劳劳。则且有学尽乎天命之性，量包乎天生之民，而自成为天民者在也。茅屋蓬门之下，未敢谓修己安人，推己及物。必达焉而推行可利，乃行焉而纤悉靡遗，是所谓兼善天下者也。而臣品要更有进也。则且有大德足以感应，大度足以包含，而无愧为大人者在也。读书谈道之余，非必欲行其道于君王，行其化于草野。而己正而仪型自立，即物正而仁义成风，是所谓天下文明者也。而臣道又何以加也。想天民整躬率物，统俦类而悉为薰陶，非必狭于大人矣。然天民要未为上也，可行而后行，专重其调剂之功，偏存一穷通之念。岂若大人之专心于己，而自获效于物乎？纵茫茫世宙，天民已可维持。而山不厌高，

水不厌深，有不得以天民为至者矣。抑大人辅世长民，合上下而悉可感化，亦非广于天民矣。然大人固自可重也，己正而物正，不夸措施之得当，偏征效验之甚神，岂若天民之计其显达，而惟恃其施行乎？纵落落尘寰，大人谁能则效。而高山仰止，景行行止，有必当以大人为法者矣。夫天民大人，皆以天下为量者也，而天民已不如大人矣，又何论社稷之臣哉？

赋得一片承平雅颂声得声字五言六韵

试士承平候，惟闻雅颂声。
诗歌听一片，吟咏到三更。
郑卫音先放，商周什可赓。
传来余韵叶，带得好风清。
岳岳头谁占，洋洋耳自盈。
吉人逢盛世，梧凤共和鸣。

和靖观梅七律得梅字

百花头上孰先开，曾有逋仙数树梅。
锄也昔因山月种，观乎应过野桥来。
暗香疏影频探信，竹外篱边看占魁。
借问此时谁作伴？昂昂鹤子共徘徊。

万紫千红纵自开，逋仙独爱数枝梅。
曾从东阁题诗未，偏向西湖踏雪来。
清浅水边看玉蕊，黄昏月下赏花魁。
暗香疏影留佳句，索笑巡檐已几回，

绍我周王*

绍商事周，周之王，即己之王矣。夫周王，固绥厥士女之王也。曰绍曰我，非视为己之王哉？且自夏人有我后之徯，而以视夏王者视汤，固即以事夏王者事汤矣。乃虐我则仇，背先王者在后嗣；而抚我则后，继殷哲者有周君。昔视寇仇，而今逢父母，正得以事故主者事新主也。

* 以下四篇为蔡元培参加童试中一场三复所作文章。据家藏考卷，卷首题“山阴县”。

兴仁一家

仁之兴必本于家，更舍仁以言一家焉？夫仁兴于国，国之仁实本于家也。若舍仁以言，不更先观一家乎？今使兴于国者必不本于家，则言仁而不必言家，即不言仁而亦不必言家矣。乃极仁之效，感发必由于家庭；而因仁而推，首基亦在乎家室。使谓仁之兴固本乎家，而亦惟仁之兴始本乎家也，则当更征诸家矣。

考诸三王

由今考古，本诸身者可考焉。夫三王即古之君子，君子即今之三王也。道本诸身，不可由庶民而考之乎？且自有因者必有革，几疑道征于今，不必复征于古矣。岂知道主乎因，固征诸古人之制；而道主乎革，亦征诸古人之心。酌古何异准今乎？觉道本于己之身，正宜考诸古之人也。

文 学 子 游

学以文著，可首举学道者焉。夫文学之科，固不一其人也。首举子游，非学道之君子乎？今夫君子学道则爱人，小人学道则易使。此夫子所以告子游也。乃春诵夏弦，偏得菁华于六艺；而钟灵毓秀，首得豪杰于三吴。是岂若当世之学士文人乎？而先振东国之文者，固知为南方之学也。

在即物而穷其理也*

穷理即以致知，致知诚在乎格物矣。夫物之理，必待乎穷也。穷理即以致知，不可释经之所谓乎。朱子《补格致之传》曰："吾所常接者物也，所欲知者理也。吾之知，在物之理而已。"使不明物之为事，格之为至，而昧乎理之宜求，即昧乎知所由致，曾亦思理寓于物，而不得舍理以言知，所当因物以言致耶？

致吾之知，经所谓致知者也。然经必曰"在格物"者何哉？据以格为来之说，且谓物自来应，而理不待推矣。顾格物而解以坐致，则知先致，物后格，致与格且分两候也，安得谓之在也。据以格为去之言，且谓去其外物，以尽夫天理也矣。顾格物而解以物欲，则所致良，所格否，致与格且分两途也，安得谓之在也。

自吾思之，格者至也，物者事也，即物穷理，致知之功在是矣。

博雅者矜言考据，但有以稽其名，非所以穷其理也。苟吾而欲致其知，则不在繁称博引，而在乎致远钩深矣。物实焉而知以虚承，物散焉而知以一贯，是无时不穷其物，即无时不致其知尔。

训诂者自诩精深，第有以言其理，非足以穷其理也。苟吾而欲致其知，则不在浅尝浮慕，而在乎锤险凿幽矣。知不发而理感触之，知不广而理扩充之，是吾之知固在乎理，而吾之致固在乎穷尔。

---

* 以下两篇为蔡元培参加县试四复所作诗文。据考卷原件。

穷理而不知即物，几疑一物既穷，而他物可置矣。惟切而指其所在，觉其物既接，即其理宜穷，随物而穷其理，随物而致其知也。纵物殊于吾，似理殊于知，而知属乎理，理属乎物，有不得舍物以言知者矣，而何勿念兹在兹哉。

穷理而不能即物，或恐万物是穷，而一物或遗矣。惟实按其所在，觉物无可遗，亦穷无可缓，物之理既可穷，而吾之知始可致也。纵理不在吾，似知非在理，而当知者理，寓理者物，有贵乎即物以求知者矣，而能不释兹在兹哉。

夫物者，物有本末之物也；而知者，知所先后之知也。穷理即以致知，经所谓“致知在格物”如此。

赋得下笔春蚕食叶声得蚕字五言八韵

才士闱中集，淋漓兴正酣。

生花方下笔，食叶拟闻蚕。

响似承平奏，声疑雅颂参。

雕虫当砚北，摛藻对窗南。

战是文场竞，音宜绣阁谙。

茧抽思欲苦，蠹饱味偏甘。

共把蝇头写，谁将兔颖含。

衽　　金*

且我周金鼓不动，而衽席咸登，不尝见肃慎之贡矢哉？顾取材于地，原呈弓弩之资；而视危为安，首在矛铤之属。是殆气禀严凝乎？胡不思振其铎，而几若枕其戈也。

---

* 以下六篇为蔡元培参加县试总复所作诗文。据家藏考卷，卷首题“山阴县”。

缘　木

意谓王今疑缘木之说。王殆谓愚甚者此一缘，谬甚者亦此一缘也。岂知木异江湖，原可笑其株之守；而木殊陷阱，不必忧其枝之攀。使谓拙于谋者，莫甚于误所缘也，则亦当转计夫缘之者矣。

观　　水

且自知者乐水，无异仁者乐山。此孔子所以观于东流之水矣。然使无取于水，而第存游目之思；则虽亟称于水，而徒作临渊之羡。谁能极天下之大观乎？觉濠濮可怀，吕梁可想，非漫曰见大水而观之也。

掌　火

且自作虞有命，而上下草木鸟兽，舜固使益掌之矣。顾职有专司，原掌裁成于动植；而事非无摄，欲掌出内于春秋。阴盛而阳消也。忧火之牡，能勿使修火之政耶？

有　土

今使无国而国不得，有国而国旋失。又何论土宇昄章哉？顾都邑未归，原徒慕繁华之地；而膏腴既拥，非徒保悦服之人。载师其可任土乎？觉民所居者原无旷土，而德所及者莫非王土矣。

赋得共登青云梯得云字五言六韵

甲乙丹梯在，邀朋意正殷。
共登应有日，素愿慰凌云。
平地乘风上，当年映雪勤。
升阶思结侣，联袂喜同群。
仰首惟清气，随身少俗氛。
青春来几辈，足下绕祥雰。

则易使也，子曰：二*

使有见为易者，圣人先念偶数也。夫使何以易？以其学道也。子游之对，为得其要矣。夫子能不先念偶数哉？且夫使令之衰，每由道统之失，岂其道有二致哉？乃克勤公役，无非感应之深；而遍列同堂，可念成坤之数。圣门皆名世英，觉不难丕应所使者。何不可先验夫二耶？学道爱人，君子是也，何更念小人学道哉？今夫道也者，礼乐之原也。君子学此道，小人亦学此道。道一而已，岂有二哉？然而小人学之，盖曾闻易使云。下不安分之秋，怨愤交作，几有不易言使矣。惟使小人以学道，庶几台沼经营，趋之如同父事也。夫何必二公分陕，始协舆情。民无深情之候，岵屺兴悲，更有不易言使矣。惟使小人以学道，庶几春秋补助，感切频颂王游也。又何必二后并与，独昭郅治，则易使也。子游之对夫子，不亦闻一知二哉？且夫使亦未可言易者。故布缕之征，粟米之征，力役之征，君子使其一必缓其二。盖深知民未易使，苟徒役频烦，一举恐难得二也。民非易使，苟催科屡扰，一失每及于二也。乃于不易使之中，而以学道使之，则必无使之非易也，则必无易之非使也。岂得曰二犹不足哉。虽然，子游固有以慰夫子之心矣。何以去及门

---

* 以下三篇为蔡元培参加童试中一场经解科考试所作诗文。据家藏考卷，卷首题“山阴县”。

之惑哉？子故首念及之曰二，姑无论小国二卿，上士二人，其数皆取乎二。第以吾环顾门墙，觉沂水春风，气象迥超晚近；顽廉懦立，梗概足式浮嚣。则易使振作民情者惟此二，易使辅翼民依者亦惟此二也。能不切而期之曰二？亦无论赓堂陛以二招，进牛山有二谀，其数皆中乎二。第以吾言念生徒，觉嘐嘐者志太露，读书未必践于身，踽踽者量未充；砥行不能通于识。则易使民命冥顽者惟此二，易使民生蠢愚者亦惟此二也。能不显以揭之曰二？夫二三子，非即易使学道之二三子乎？亦知偃言是而吾言戏乎？

禹稷颜子，易地则皆然

贤与贤有相契之理，所以证同道之说也。夫禹稷颜子，当不能皆然也。乃曰易地皆然，非欲证同道之说哉？尝思古今不相及也。即古人与古人，亦多有不相及者。不知以古人为不相及，彼虽尊视乎古人，其实与菲薄古人者等。盖其所谓不相及者，特未即古人之为古人，而一审之耳。吾今得而示诸人矣。吾言禹稷颜回同道，则禹稷依然颜子，颜子依然禹稷矣。又何必更言禹稷？又何必更言颜子哉？然而禹稷固虞廷之禹稷，颜子又孔门之颜子。论其时，时不相然矣；窥其遇，遇不同然矣；察其势，势不类然矣。则不得谓禹稷即颜子然矣，颜子即禹稷然矣。虽然，亦盍以易地观禹稷颜子？耕稼进身，君相不废耕耘之业。禹稷之为禹稷，固有独逢其盛者也。夫岂如颜子之匮乏箪瓢所可同拟。为邦问治，师儒可参礼乐之经。颜子之为颜子，又有自成其遇者也。夫岂如禹稷之搢笏朝端所可等论。是皆未即易地而观者也，如其观之，则治水明农之任，亦犹是乘辂服冕之才。虽遥遥旷代，殊多负疚之端，而心原可证。觉黼黻而佐命与朝者，禹稷能然，颜子亦能然也。夫何必歧视之曰禹稷颜子。是何不即易地而观之也。设或观之，则善劳虽托空言，亦何异平成久资佐绩。虽渺渺千载，时深景仰之思，而理有可原。觉饘粥而资留负郭者，颜子能然，禹稷亦能然也。夫何必外视之曰禹稷颜子。易地则皆然也，岂非同道者哉？

赋得会于会稽山阴之兰亭得贤字五言六韵

欣睹朝朝会，兰亭集众贤。
山阴名道上，会计旧途联。
曲水成花锦，烟波映画船。
琴将书并载，人与鹤俱仙。
三友流觞共，孤帆翰墨缘。
右军留胜迹，吟兴自悠然。

君子之中庸也，君子而时中*

惟中斯庸，君子也。而又时中焉，夫中之所以庸者，时为之也。君子而又时中，此君子之所以中庸乎。且人皆受中以生，而因中得庸者，惟君子。君子岂有异术哉？其平日之战兢惕厉，既谨守以不偏，而临时之审慎周详，又各求其至当。准乎中以为中，而仍不泥乎中以为中，殊觉其所以因中得庸者在此尔。吾言君子中庸，固已。今夫中者庸之体，庸者中之用，体历时而一定，用随时而变通。广而因革损益，近而日用伦常，或千万年而不变，或数百年而必变，或一二日而即变。盖中若是其一定也，而中又若是其未易定也。而君子之由中得庸，即庸见中者，果操何道哉？果操何道哉？盖其收视返听，既能必敬必恭，以涵养乎中之体，而必心无所倚，心无所偏。而其临机应变，又能其难其慎，以迎合乎中之机，而勿敢游移，勿敢适莫。然则君子之中庸也，诚以君子而时中也。生平以君子自居，而治剧理烦。或至仓皇而失措，则必有不能尽中者。而中庸之君子岂然乎？其宅心本自戒惧而来，而临事又若恐毫厘之爽。时而安常处顺，必定其衡；时而错节盘根，必安于理。盖君子不敢以畏葸者歉乎中，即不敢以鲁莽者溢乎中也。夫何难于由中得庸哉？先事以中庸自诩，而揆几度务，或致执一而无权，亦必有不能

---

* 以下三篇为蔡元培参加一场童试所作诗文。据家藏考卷，卷首题“山阴学”。

皆中者。而中庸之君子岂然乎？其存心早在隐微之地，而应事又直同造化之心。礼乐兵农，时而今亦时而古；言行交际，时而异亦时而同。盖君子以不敢矫情者就乎中，即以不敢袭取者全乎中也。夫何难于即庸见中哉？求中庸者尚其学君子也可。

赋得五月榴花照眼明得榴字五言八韵

满眼胭脂色，争看五月榴。

花新开万树，明欲豁双眸。

焯烁分樵径，迷离映酒楼。

珠围真夺目，锦燦正当头。

艳喜烟痕净，烘看日影留。

如将银海洗，宛见火云稠。

节已临槐夏，时还过麦秋。

渐成枝上子，光彩众星侔。

君子所以异于人者

异乎人而为君子，可实揭其异也。夫君子之于人，自有所以为异者也，不可实揭其异哉？且矫情立异者，君子勿贵也。然则君子亦何必异人哉？顾君子不必异人，而人往往异于君子。于是或忘其异而日即于异，或振其异而终归于异。是皆未审君子之异也。吾今得而示诸人矣。今夫君子者，力距异端者也，夫安有所谓异哉？特是就道学以窥君子，君子固未尝有所异。而即众人以观君子，君子则大有所异也。而果何异哉？谓其持行异乎？而君子无不守经也。修己必衷于庸行，何尝以躐等纷驰异其趋向？谓其聪明异乎？而君子非甘索隐也。持身必阐乎日用，何尝以无方通变异厥操修？虽然，以理论君子无异，以势论君子不得异人。使其无异于人，则人皆可为君子。君子亦无不犹人，何必艳其名曰君子，别乎君子而曰人哉？然而君子自有所以为君子者，人所不能之事尽。

乡　　试

曰："夫子何为？"对曰："夫子欲寡其过而未能也。"使者出，子曰："使乎，使乎！"*

所为有未易言者，而使者足嘉矣。夫伯玉所为，几非伯玉所能言。而使者之言，乃不啻伯玉之言也，子固重许之。今夫形迹易见，心性难知，虽朋友犹多扞格也，况在载书赍币者乎？乃圣人知良友必有良使，而咨询者直勘诸性命之精；使者知传心贵揭深心，而奉答者直抉其精勤之志。一时问答周旋，觉圣人悬探而得者，使者以据实以陈，而结契之情，为之一快矣。

与之坐而有所问，子固知伯玉之使非常人也。不然，子岂以寻常使令之人可以语屋漏旦明之事，而贸贸然以何为问哉？

意以为知非之旨，生平共与观摩。今一旦介绍遥临，必有载惕厉之功，以期相质证者。赍币陈词，谅非徒奔走才也。使以性分之难窥，而不切咨诹，将我友之精神奚达？

阔别以来，功候久思进质。今一旦音书远寄，必有择贤明之士，以代抉隐微者。日征月迈，度不难缕析[条]陈也。试一叩以精神所专注，庶听其绪论，而故人之謦欬如亲。

---

* 以下四篇为1885年（清光绪十一年乙酉）蔡元培应乡试第一场所作的诗文。据家藏考卷。

何为一问，子固知使非常人也，而吾乃以观使者。为著于同，为实据于独。倘使者掇拾浮言，漫夸时措，将所谓时然后言，义然后取，如公明贾之称文子者，未必非契慕之深情。而其言夸也，非伯玉命使者意也。

为见诸迹，为实根诸心。倘使者规摹迹象，而浑举名称，将有谓言不离道，动不违仁，如宰我之论夫子者，未必非表章之至意。而其言浑也，非夫子问使者意也。

乃使者密勘其欲曰寡过，细审其欲曰未能，使乎，何善道伯玉乎！何善道夫子之所以望伯玉乎！

凡学问可以示人，而此欿然自视之心，独难窥测，使非积数年之气求声应，以直勘性情，终熟视无睹耳，而使者乃脉脉喻之也。纠虔何密，一举足如遇愆尤；策励何勤，一矢念常留缺陷。在伯玉冰渊夙凛，并未易告语同侪。而代白衷怀者，乃洞悉其曲折周旋之素，度非命使时所预为谆嘱者也，而不堪嘉许哉？

功业可以耀世，而独此退若不胜之意，不事张皇，使非积半生之惕厉忧勤，而亲尝甘苦，亦淡焉若忘耳，而使者乃曲曲传之也。期复礼先以克己，注以全神；愈砥砺亦愈悚皇，断难满志。在夫子期望维殷，原以此悬为拟议，而代通款曲者，已显揭其戒慎恐惧之衷。此并非询问时所可为骤料者也，而曷罄流连哉？

噫！何为一问，子固知其非常人也，特孰料其明敏之一至此乎？使乎！使乎！

子曰："吾说夏礼，杞不足征也；吾学殷礼，有宋存焉；吾学周礼，今用之，吾从周。"

观圣人之言礼，不信之义益见矣。夫德如夫子，何难合夏、殷商之礼而议之，乃以所用定所从，而不信之义益见。昔夫子教回为邦，行夏时，乘周辂，服周冕，说者谓因革损益，匹夫可以操南面之权焉。不知师弟之私言，制兼法古；而子臣之定分，义必尊王。试为追思遗训，觉往朝之制度渐湮，而昭代之声灵犹赫，虽欲不众趋则趋，而有所不能矣。

无德无位，不敢作礼乐，则从人之所作而已。顾吾思无德者，虽欲作而不能；恐有德者，因能作而妄作耳。亦思德莫盛于夫子乎。

夫子具内圣外王之学，材力远胜前人，使其酌文质之中，而特垂定制，有可自一世以至万世者，何事随时俯仰，读象魏而循束缚之规？

夫子承禹汤文武之余，法制既征大备，使其因沿革之失，而略为更张，自必有尽美而又尽善者，何事与世推移，遵皇极而诵荡平之训？

然而夫子断断乎不信者，诚鉴于生今返古之弊也。盖曰者子言之矣，曰吾于夏、殷、周之礼，或说之，或学之，而不敢漫有所从也久矣。吾说夏礼，而贡赋之常经，会盟之遗制，大略犹可参稽，而欲其缕析条陈，则孙子已忘祖宗也，无可用，亦无可从也。

吾学殷礼，而贤臣之所献，彝器之所铭，古制犹存什一，而实则人往风微，方策徒资诵读也，不足用，亦不足从也。

何也？夏殷已易为杞宋，而今所用者周之礼也，吾从周可矣。

使予生于夏，而玉帛睹涂山之盛；生于殷，而共球见下国之来。自必以夏礼尚忠，殷礼尚质，为循规蹈矩之常。而乃今之时何时也，禹甸畇畇，百亩已定成周之尺；汤孙赫赫，七庙已让后稷之灵。当王者贵，周室所以大一统也。使必异文雅之观，而漫敦古处，恐难免乎异言异服之诛。

使杞也未即东夷，关石和钧犹在；宋也尹兹东夏，象贤崇德依然。亦只以因于夏礼，因于周礼，为参互考订之资。而况今之势何势也！《雅》《颂》定于周制，而《夏书》惟传《五子之歌》；《洪范》附于《周书》，而商史不载九畴之训。功成者退，周家所以为独隆也。吾惟因风会所趋，而藉合时宜，庶咸遵乎无党无偏之道。

吁！赞《易》探乾元之旨，而《连山》《归藏》，系时不录；修史定春王之义，而夏时周月，聚讼无庸。观夫子之从周如此，而不信之旨益见矣。

公孙丑问曰:"夫子加齐之卿相,得行道焉。虽由此霸王,不异矣。如此,则动心否乎?"

有因卿相而动心者,反以疑大贤也。夫丑重视霸王,宜其动心于卿相也,而乃以之疑孟子乎!今夫游说之徒,贫贱则戚戚终身,富贵则扬扬自得,其心之倏忽变幻也,固无足怪。而一二敦笃者流,志愿虽大,学养未优,一旦居大官,膺大任,辄谓敢辱高位,以速官谤,而急遽张皇,莫之所措,亦所多有也。而公孙丑乃以疑孟子也。

曰:寻常酬酢之端,流俗亦能立决。而惟以目前之艰巨,猝焉相投,则苟非涵养在生平,鲜不震撼危疑,袖手而效旁观之状。

保障茧丝之任,圣贤素所鄙夷。而忽以意外之遭逢,脱然相赠,则虽经纶其素裕,鲜不优勤惕厉,抚心而怀陨越之忧。

则请大其任曰齐卿相,大其志曰行道,大其效曰霸王,如是,而夫子之心何如乎?

且夫隐士山林藏拙,明知此身一出,难为苍生仰慰仰望之心。故当谷有鸣驺,必欲以洗耳沉渊,预远他年之耻辱,此庸碌者之心也,不足以例夫子也。

英雄沉匿下僚,恒叹知我无人,难为虚士雪虚声之耻。苟或拔置钧轴,势必涕零感激,力抒夙昔之谋猷,此负才者之心也,更难拟夫子也。

丑所疑于夫子者，惟心之动否而已。

威武不屈，富贵不淫。夙昔久征抱负，卿相亦意中事耳，何至张皇失措乎？而要其动吾心者非细也。纵横、名、法诸家，咸侧目而笑儒生之迂阔，倘一试不效，将愆尤丛集，欲补救而无从，此固奉令时所不觉踌躇者也。而夫子固无事踌躇乎？

饥易为食，渴易为饮。天下大有可为，霸王亦分内事耳，讵至迟疑莫决耶？而要其动吾心者甚微矣。燕、赵、韩、魏诸国，咸举首而观新政之施行，倘必世后仁，将水火方深，恐挽回之不及，此又得志时所不禁顾虑者也。〈而〉夫子固不至顾虑乎？

则动心否乎？

赋得涛白雪山来得来字五言八韵

忽讶山排雪，涛声入耳才。
好将飞白拟，漫说送青来。
所向天空阔，何从与溯洄。
海门凭约束，地轴欲掀豗。
浪孰乘风破，潮应带月回。
喷时花皎皎，望去影皑皑。
势欲吞沧海，音如听疾雷。
曲江抒妙咏，谁是谪仙才？

是故，形而上者谓之道，形而下者谓之器*

道与器相因，而形上形下分焉。夫道即寓器，器必有道，然而道有立乎器之先者，形上形下所由分与。且古今惟太极之理为最先，而凡见诸阴阳卦画者，皆其后焉者也。是故浑沦磅礴，固难舍迹象以探性命之精；而发见流行，要必先气数而溯浑全之体。试一为对勘，而知连而属者，未尝不可分而观也。

《易》始乾坤。夫乾坤者器也，而所以为乾坤者道也。果何以谓之道而谓之器哉？

四象八卦之名，皆圣人所创造，而课虚叩寂，有不能无所凭藉者。一为推其缘起，而知苞符未泄，早有充塞于鸿蒙开辟之时。

宇宙空气之境，皆至理所含濡，而气运发皇，有不能无所附丽者。一自衍为图书，而知精蕴所流，未必隐匿于拟议形容而外。

然则道也者，器之所从出也；器也者，道之所散著也。谓非一形而上、一形而下哉。

间尝习揖让之容，所瞽矇之奏，委曲繁重，初不解其防情节性之由。而一为推求，乃知性情之微渺，功德之高深，道固有据乎其先者。而节奏音容，皆其器之散见者也，而《易》可知也。

又尝探輶轩之什，考《雅》《颂》之音，博采兼收，初不信群怨兴

---

* 以下五篇为1885年蔡元培应乡试第二场所作的诗文。据家藏考卷。

观之益。乃一为寻绎，而知承平之气象，感慨之神情，道实有寓乎其间者。而连篇累牍，皆其器之见端者也，而《易》何殊也。

且夫屯蒙初辟，未有器，已有道，道与器岂无先后之分？而浑言上下者，以相为系属也。异学冥心坐照，几欲舍名物象数，别探造化之菁英，而岂知离器言道，道且茫天津涯也，盖上与下固隐相贯注尔。

且夫制作既精，本道以为器，制器以载道，道与器似无彼此之异，而别言上下者，又难以浑同也。俗儒考据名家，几欲以摘句寻章，漫罄两间之秘奥，而岂知认器为道，道又涉于拘墟也，盖上与下又微分本末尔。

八，庶征：曰雨、曰旸、曰燠、曰寒、曰风。曰时五者来备，各以其叙，庶草蕃庑

观庶征之因时，泽及庶草焉。夫庶征者，阴阳之气，万物所托命也，备而有叙，虽庶草不亦繁庑乎。箕子若曰："今安得生逢隆盛，颂玉烛之和，占金穰之庆哉！"想其时六府修，四时序，官阴阳者，既递嬗其长养生成之柄；托蝌蠓者，自遂其含和吐气之情；盖怨咨之声泯，咸若之化成焉。

既观稽疑，请陈庶征。

读封禅之文，茅三脊，木五尺，麦两歧，悉足以征治化，而其应无定也。惟即二气以定权衡，而消息往来，悉足为盛世验嘉祥之象。

考竹书诸纪，翠篁茁，丹萱生，屈轶指，亦足以征盛明，而其见犹后也。先即五行以分气候，而温舒惨肃，胥足为圣朝谱瑞应之图。

且夫庶征者，岂徒取一二不经见事，以徐饰后世人耳目已哉？必有为天地所由定，民人所由育，而万物之所由蕃昌者。是故优渥沾足，歌时雨也；负暄献曝，爱冬日也；枯槁叶荣，燠即发也；穈芑秬秠，寒则实也；阜财解温，风之熏也。备当然之数，顺自然之时，而后和气协，嘉福臻虽未尝承播种之力，经培植之功，如庶草者，已不禁曼衍而纵横也，而他可知矣。

夫蒹葭蒲苇，其生植类在湫隘之区，而协气所流，生机立应，况其在膏腴之土者也。想其时妇织夫耕，开农桑之利；烹葵剥枣，采园圃之饶。丰亨豫大，气象可思矣。夫岂徒以雨属水、旸属火、燠属木、寒属金、风属土者，征顺应之序哉？

夫杜蘅芳芷，其秉质特偶分钟毓之灵，而天心既复，物力顿苏，况其秉二五之精者也。想其时介寿称觥，父老话桑麻之乐；呼群拾穗，儿童无夭札（折）之伤。生齿殷繁，承平坐致矣。夫何妨以雨属貌、旸属言、燠属视、寒属听、风属思者，征天人之应哉？

瑟彼玉瓒，黄流在中

美与美合，可先观玉瓒之中焉。夫使非玉瓒，则其中非黄流矣。观《诗》所咏，不已见两美必合乎。且自凡物有贵贱，而人之授之者，第因物付物已耳。是故筐筥锜釜，盛之以藏繁；玉敦珠豢，奉之以璧币。授受之际，未有不如其分量者，窃因观祼体而有悟焉。

忆昔历下乡，过陇畔，见有饷东菑者，或寘诸囊橐，或携其箪瓢，或挈尔栝棬，问所饮食，大抵皆蒸梨炊黍之俦，其相与亦非偶然也。又尝登清庙，上明堂，见夫承祀事者，辨簠簋之数，登鼎俎之实，隆笾豆之仪，叩厥中藏，要无非酒醴牲牢之美，知相得乃以益彰也。

而不观玉瓒乎，韫于深山，钟毓既关天授；制其太璞，琢磨备极人工。玉之质，金之饰，抑何瑟然也。

于是有黄流焉，酒材辨五齐，馨香可格神明；秬鬯加一卣，明信可质祖考。流之黄，犹玉之瑟，宜在其中矣。

是不患无黄流之在中，特患非玉瓒也。且夫黄钟毁弃，瓦釜雷鸣，世情多颠倒，安保无师心自用，漫以玉瓒为燕闲玩好之资。然而无是理也。冠虽敝必加诸首，履虽华必置诸足，特恐质本凡庸，遂一听其转移耳。不然，而责任既有专归，虽运会迁流，终难舍此他适也，而玉瓒其小焉者也。

且夫沉珠于渊，捐金于山，俭朴宗黄农，恐或有抱质以游，不复置玉瓒于荐币陈牲之列，然而有转机也。宝剑长埋，光气射斗牛之际；古书已烬，后儒多收辑之功。特恐品非宝贵，将一听其捐除耳。不然，而精神不可磨灭，虽迭遇艰屯，断非一蹶不振也，而玉瓒其显焉者也。

嗟乎！君子当羑里弹琴，玉门演《易》，几如玉瓒之不遇黄流矣。然而岂弟者，未有不得福也。

公会齐侯盟于黄定公十有二年

记黄之盟，与齐睦也。夫夹谷之会，会而不盟，至盟黄而齐鲁睦矣，故美之。且定公时，鲁屡侵齐，鲁固不欲与齐睦也，齐亦不欲与鲁睦。自孔子用，而讲让型仁，文教达于四境。鲁人知构怨之非善策，而推诚相与也，于是乎有夹谷之会。孔子用，而讲信修睦，义声达于四邻。齐人知观兵之难以制胜，而降心相从也，于是乎有黄之盟。

而或且贬之曰：叛晋。嗟乎，使晋不当叛，岂孔子而不直谏哉！使晋可称叛，岂孔子而无一言哉！斯时之晋，君弱臣强，柄政者叛大夫赵鞅耳。鲁不从晋，宜也，岂为叛？且使鲁必从晋，则将背夹谷之会，而修西鄙之怨，以致齐师伐我，我或不克，而晋救不至，遂将荡摇我边疆，焚掠我积聚，系累我人民，败坏决裂，不可复振。而犹鳃鳃然曰：我不叛晋。天下其孰谅之？后世其孰怜之？亦思黄之会，固大圣人忧深虑远而出此乎？

开国之初，同承王命，愿式相好耳。齐不吾仇，而我顾代为晋侵也，自离其咎也。乃夹谷之会，君有悔心矣。吾不乘转移之际而速之往会也，犹惧不终也，执玉敦而奉珠蒙，庶矢勿谖乎？

争地之谋，无益于事，徒苦吾民耳。吾欲求盟，而大国不吾许也，末如之何也。乃夹谷之会，齐有回心矣，君若惮跋涉之劳，而不与同盟焉，是启其疑也，执牛耳而载盟书，庶无相尤乎？

独是以齐之强，敌鲁之弱，而不亦欲盟者何哉？

中国有圣人，四夷重译而至；边庭有名将，敌人解甲而降。以境内之筹画周也。况夫子问政之对，获赞一辞，而一旦得假斧柯，既遥闻其移风易俗之才，复亲见其怀远招携之德，异闻创见，远胜于平仲无还之辈也。悔任用之不先，而愿结同盟，初岂怀文马舞衣之计。

少康之一成，鬲虞服命；文王以百里，虞芮质成。圣人之感应神也。况我鲁以同姓之宗，分封千乘，一旦更张繁弱，近则继夷宫之命，远则绍费誓之师，攘狄尊周，何足道齐桓、晋文之略也。思效法而无从，而特为好会，犹是归龟阴郓讙之心。

自此终定公世，齐鲁不交兵，念此盟也，圣人之泽远矣。

稷曰明粢，稻曰嘉蔬

稷与稻之名，有取乎明与嘉者也。夫稷与稻，祭祀必需也。一正言粢，一借言蔬，非取乎明与嘉乎。且古来言黍必言稷，言粱先言稻，稷与稻亦祭祀所需也。乃因名缘饰者，既有取乎清洁之形；而假借形容者，若有取乎休祥之意。殊觉嘉谷告成，佳名肇锡，非沾沾于有飶其馨也。

则且由黍言稷，由粱言稻。

含中央之色，而备中和之气，其秉质有足贵者，故无论曰芦穄，曰蜀黍，曰红粱，无不可与以纯瘁精微之号。

秉太阴之精，而成南海之秜，其赋性有足异者，故无论曰红莲，曰紫茎，曰青穟，几欲尽予以呈祥献瑞之称。

夫稷不曰明粢乎，顾或者谓粢与粢同，稷本别名为粢也。而实则粢之与粢，文固有小异者，意者纳禾则谓之粢，晶米则谓之粢，而所谓明者，从于豆于登后始见之也，未可知也。

夫稻不曰嘉蔬乎，顾或者谓蔬与疏同，稻之立苗欲疏也。而究之疏之与嘉，义有不相属者，意者陇畔或等于畦畔之疏，百谷遂偶厕于百蔬之列，而所谓嘉者，于绿葵红苋间特尊之也，未可知也。

而兹姑勿论，亦知其曰明粢曰嘉疏而已矣。

五谷皆历三时，而稷独经四时之久，雪霜之剥蚀，雨露之含濡，糟粕去，菁华萃矣。而况或舂或揄，或簸或蹂，洗濯更极人工也。

食曰粢食，不凿者可嗤；盛曰粢盛，不洁者可恶。粢而先之曰明，直粃糠尘垢之无或留也，祖考庶来格乎。

五谷恒喜高燥，而稻每生卑湿之区，汩没于泥涂，浸润于水泽，培壅厚，精力盛矣。而况春耕夏耘，秋收冬藏，增益更多人力也。种曰嘉种，未成颖粟之形；禾曰嘉禾，偶见苿蕈之象。嘉而系之于蔬，觉硕大蕃滋之更可喜也，神明庶罔恫乎。

[乡试第三场]第一问*

论六经之用，礼乐为先；注三礼之功，康成为巨。其列学官有年矣。观其匡讹正谬，折衷古文，互证参稽，兼存旧注，精粹之说，有不啻孟子述井田之制，称班爵之规，足以为万世法者，非徒为训诂考据之学已也。至若许氏作《五经异义》，郑君驳之，不啻针《墨守》《膏肓》，而实则第五田税、第六天号，其篇次至今可考者，皆合礼制，不必有失而无得。杜子春为《周礼》大师，与郑司农并列，而考其遗说，郑颇不从，或各存其是，或互著其非，其梗概有可述者。礼经器物，《周礼》职官，多举汉仪以明周制。虽因秦制，或异成周，而诸所称述，尚未扞格，非以王莽之制，证周官之法者比也。《明堂位》夸于颂鲁，《月令》杂以秦制，非徒可疑者。然苟实事求是，果有可以考古制，诏后人，虽非经，庸何伤乎。以郑注之精审，而时有"未详""未闻"，是即多闻阙疑之例。盖奥义微言，非后学所能尽解；而方言古语，恐后世无可参求矣。至若明堂不只三名，禘祭或云七用，以及《周礼》之四声无商调，而郑注乃云三宫，或聚讼纷纭，或自相矛盾，所当一正其失者也。律有十二，还相为宫，则孔疏所陈，足伸郑义；律之度数，自起黄钟，则康成所说，有异蔡邕。孰是孰非，可得而析矣。我国家考古礼，表绝学，通经之士，有不抗心而希古哉。

---

* 以下五篇为1885年蔡元培应乡试第三场所作。据家藏考卷。

[乡试第三场]第二问

闻史莫难于修志，班马所著尚已。嗣后作者踵兴，或因其制，或增其目，或异其名，或分而合之，或合而分之，欲以别创规模，自骋才力，而实则名异旨同，或反致繁复而可厌，且谲□而不经者。至若后世礼仪既备，史无不纪礼者，而迁史《礼书》，□亡而补以诸子。古时兵农不分，书无专言兵者，故班史兵志，大略仅附于他篇。范志阙而篇目可稽，袁志佚而篇目可引，至司马彪续志，荟萃众长，集前人之说，撷旧史之精，虽多阙佚，而其美乃时称于他说。考晋史十有八家，其有承遗佚之余，而尚可为收辑记载者，如王隐改志为记，何法盛易志为说，非等于疏仡、循蜚之莫考也。守专门之学，杂采于记载之余者，如谢灵运之志《职官》，臧荣绪之志《刑德》，非若《华黍》《由庚》之无确证也。如《宋书·乐志》，兼垂义训，若传赞之历论文人也。《齐书·州郡志》，中有阙文，仅胜《天象志》之残阙无存也。《魏书》详于谱牒，则《官氏》之志，代北之姓宜搜；《隋书》出于名臣，则《经籍》之志，四部之分宜考。《新唐书》务为简古，其志较旧增多；而《选举》一门，语焉不详，失之太简矣。《五代史记》二考，甚多漏略，而《职方》一谱，因事分格，朗若列眉，其立例洵尽善也。至或书本无志，或志犹未备，苟得良史才以网罗补缀于其间，庶不悖知几言志之篇，而可与班马颉颃乎。我国家士风日上，宏博之士，经经者有不纬史哉。

[乡试第三场]第三问

古者有国学，即有乡学。乡学者，夏曰校，殷曰序，周曰庠，而惟周制为最著。教以三物，考其德行、道艺，三年则兴其贤能；自乡升之国，自国贡之天子；而天子又习之射宫，凡以化桀骜之气，兴礼乐之风，而以收得人之效者也。周之衰也，郑乡校虽不废，而“青衿”刺焉。逮战国，争攻击，尚游说，以及于秦，而凌夷极矣。汉兴，初未遑创制，及文翁建乡学，而武帝令天下郡国皆立学校。嗣后若何武、寇恂，若卫飒、任延，若李忠、秦彭，□所居民乐，所去民思，大抵以学校化民，继文翁之烈者，其事犹可举也。唐制，天下都督府生徒，各因州县之等第而定其数，想一郡一邑之人才，必有不止于此者，恐中的者少，点额者多。夫书院之设，于古未闻，宋兴之初，有白鹿洞、石鼓、应天、岳麓四书院，有司以上闻，辄为赐书赐额以优重之。然是时大兴学校，而天下有教授者，只五十三员，殊非所以副振兴之意。考朱子《白鹿洞揭示》，有五教之目，为学之序，又有修身处事接物之要，道学诸儒，所相讲明而遵守者也。我国家尊儒术，重人才，凡列学校者，有不砥砺于廉隅哉。

[乡试第三场]第四问

盖闻浙江开道学之传，源从关洛；周许实宏通之彦，派衍永嘉。其授受者有以继往，其创始者有以开来。嗣后若吴氏、薛氏、刘氏、戴氏，若林氏、郑氏，以及忠甫、居厚诸人，或父子，或叔侄，或兄弟，或师友，联镳接轸，源远流长。于是闻风起、接踵至者，如止斋潜室论学术，而绍危微精一之传；正则同甫论治术，而悉遵修齐治平之训，固非别参宗旨者也。他若横浦见讥朱子，慈湖本出象山，其言行何必非圣经贤传之遗，其流弊恐足为曲学异端之渐。惟倪思奉使，以过宫为请；樊光远上疏，以得地可优。徐谊忤侂胄而贬官，徐侨斥弥远而见劾。忠谠之情，非叔孙之附汉祖、马融之附梁冀者比也。若王自中、楼钥、林大中、袁燮之徒，或负奇气，或挺文辞，或著清操，或爱名节，其造诣有不朽者。东坡旧吟，伯厚尝诵；西山晚节，日抄所讥。大抵本前言以为后学之阶，即引往古以为来□之鉴。至于文安发奋，分义利于独行特立之交；阳明崛兴，□学问于经济文章而上。以徐横山之教良知，刘念台之讲慎独，无论陆朱之异旨，总期接洙泗之真传尔。我国家正学明昌，凡诸读圣贤书者，不皆证渊源而励气节哉。

[乡试第三场]第五问

夫汝濆被化，南邦擅风雅之才；泽畔行吟，屈子写离忧之作。或尊其名曰经，或据其体曰赋。诚不若扫除肤说，竟曰《离骚》。若夫合《九章》《九歌》及《招魂》《天问》诸篇，则注于王逸，是曰《楚辞》。嘉名锡以灵均，三后告以纯粹，训解虽纷，是非可辨。至若圜则九重，列星爰系；昆仑三角，阆风可登。至尊祀太乙之神，蕙肴兰藉；鼓乐记招魂之句，摇簴擃钟。他如岁纪摄提，《周髀》之遗经可考；形推南北，地形之顺椭堪稽。荃桡玉轪，舟车可以并称；紫坛药房，室宇何妨分解。靡蘼异形，岂仅琼支侑食；陆离异义，大抵玉佩锵衣。合袿结为双声，定调同为合韵，已开沈隐侯谐声琢句之风；知狷披为或体，读康娱为连文，可征许叔重会意象形之法。若乃蓍母托骚人之感，乃可征琱玉遗书；康回纪凭怒之词，遽载在兰台人表。改鹈鴂为鷤鴂，请注子云之句；编菉葹为菉草，允知仁杰之心。田堰祠荒，故宅起沧桑之感；搴兰揽茝，精英争日月之光。读者领略其曲折低徊之至意，有不徒过泥乎东涂西抹之寓言者矣。

日月星辰系焉*

有系于天者，未可泥九重之说焉。夫系之言属也。日月星辰，大抵属于天耳。而或以九重之说实之，误矣。尝闻在天成象者，谓之天官。又谓之天文，训者言其移焉。顾自其行于天言之，谓之移；自其属于天言之，谓之系。泥者误以为两歧也。而援后世天文家言，所谓日天、月天、五星天、列宿天以通之，而古义梦矣。说者曰，天无穷。所谓九重天者也。其上为宗动天，而列宿天次之。于是有填星天也，有岁星天也，有荧惑天也，有太阳天也，有金星天也，有水星天也，有太阴天也。太阳为日，太阴为月，五星为星，列宿为二十八宿，辰之所丽也。日天、月天、五星天、列宿天，各以其时动。而日月星辰，各居其天而不动。是以谓之系也。虽然，是说也核之于古，有不合者五。古书曰，天倾西北，故日月星辰移焉。又曰，天左行，日月右行，随天左转，故日月实东行，而天牵之以西没。如后世之说，则日月不行，重复谓之天行也。不合一。古书曰，夏日道上与四表平，下去东井十二度，为三万里。谓日上极万五千里，星辰下极万五千里也。又曰，日道出于列宿之外，万有余里，乃后世之说。列宿在日上，安得日道出列宿外，而下至东井也？

---

* 此篇为蔡元培参加己丑恩科（1889年）乡试第一场所作文。据《近科通雅集初编》，光绪丁酉（1897年）复古书斋校印版。

不合二。古书曰，日月之形如丸，或疑其遇以相碍，则有以有形无质应之。如后世之说，则日月无相碍，理不必为是曲说也。不合三。古书曰，星有好风，星有好雨，月离箕毕则风雨。如后世之说，则列宿天至高，太阴天至下，不相关会也。不合四。古书曰，日月所会谓之辰，谓星纪之属十二次。如后世之说，则析木之宫，俄而为星纪；大火之宫，俄而为析木。名实参差，或议更为丑宫也，或议更为初宫也，而古法不闻患此。不合五。综五不合，而古法无九天之名审矣。然何以言系也？系之言属也，如车之傅山，舟之行水，大都言之耳。泥系字之解，而以后人心得为古人傅会，古人不受也。至有谓日月皆星，地亦星，而疑星月之上有山川人物也，尤于古无征，不足述矣。

天文家古今疏密，中西同异，已历经明。历者疏通，证明此作，疑非所疑，初见殊为骇怪。既悟作者之意，因泥古之徒非可言晓，故有意出奇，支离其词，使读者因其言之太甘，从而疑，从而悟。周秦诸子往往有此文字。又陈陈相因之中，有欲语羞雷同之概，亦矮屋制胜之技，故重蔡作而存之。

为肥甘不足于口与？轻暖不足于体与？抑为采色不足视于目与？声音不足听于耳与？便嬖不足使令于前与？王之诸臣皆足以供之。*

诘所不足，以征其足也。夫不足于口体耳目使令者多矣。王则不然，臣足以供之。盖闻道家贵知足，其言旁溥四五支官所庐所牟，不能周当之。而少年聚人东陵，有道间介缘起，局局此数。君子曰："不足故也。"虽然，以是例王，臣将为王之臣谁何？王之大欲，王则不言矣。今夫欲也者，有不足而希冀其足云尔。睇彼闾巷，朝莫溢米，兄弟易衣。户蓬牖褐，瞿然与目谋；儿号妇谪，聒然与耳谋。田田宅宅，舂舂井井，家自急敕，人自拘录也。鼎斯之时，以道士处之，夷而犹而别占有余，乌睹不足？而市井小人仰屋而叹，谓若牛千足，羔羊裘千袭，卮茜千石，漆千斗，铜器千钧，僮手指千，苟能是，是亦足矣。乌乎！乃如之人，微直王以为非我族类；即王之臣，亦不肯与怜同病也。至若膳夫尝食，节服同王，钟画考工，伶伦为祖，宫正比夕，咸以识职，大得拾藩，渠非足于甲，不足于乙者邪？渠非以斯而足者，为王之洽而足者邪？且夫先帝古王，老师宿儒所说，若饭土簋，若布衣，若大路不画，若放郑声，若手不爪，窍

---

* 此篇为蔡元培参加己丑恩科乡试所作文。据潘衍桐编：《两浙校士录》，第一册"制义"。

不通，步不相过，条流多多，不必复为王道。弟念齐之建国，亦既长久矣。其先若牙之味，千金之裘，景公之衣，裳忌之琴，女闾之伎，札记笘注，咸甲于天下。迄今十百年，风流未沫，而王之臣又复研覃知故，摹略物状，务究竟工巧，以厌王心。虽伊尹所说，杨子居所陈，未之能过。而王之心尚有不足，而希冀其足者与？而岂谓兴甲兵以求者为是与？

德车结旌*

车不名武，旌用结也。夫不为武车，是名曰德。其旌不绥，是用结之。闻儒者解说文字，多言字从戈者，取董武之谊，不主乎文德；字从㫃者，会㫃蹇之意，不宜乎约束。是大不然。何以明之？为车，籀文从二戈，旌字从㫃，而礼家既曰“武车绥旌”，又曰“德车结旌”，以是明之。曷言乎德车？德之言悳也，对武而言之。古人有言，“耀德不观兵”；又曰“恃德者昌，恃力者亡”，其证矣。解者曰：玉路建常，金路建旗，象路建旃，木路建麾；凡不在革路大白之列者，咸谓之德车。至若孤乘夏篆，卿乘夏缦，大夫墨车，士栈车，所建何名，书阙有闲。

案大阅之礼，诸侯建旗，孤卿建旃，大夫士建物，文通武达，当为常制。天子有五旗，而其余不周；由天子有五路，而其余不周也。旌者，旗幡之通名，如常、旗、旃、物之属，通谓之九旗，其官谓之司常矣。旌何以言结？说者谓“游车载旌，析羽注旄首。结者，结其羽云尔”。不知结诂为缔，缔诂为结。不解字从糸，糸象束丝形。凡从系者，大氐以丝缕属占之，缭绕为缠，效缚为束，咸其义类。羽析而合之，谓之并结，则不辞矣。且如其说，则依全羽为旞以为说，

---

* 此篇为蔡元培参加己丑恩科乡试所作文。据潘衍桐编：《两浙校士录》，第二册“经文”。

渠洽通名邪？窃谓旌之为字也，从㫃，象游㫃蹇曲而下垂形。卫人之诗曰："孑孑干旌。"孑为无右臂，与孓无左臂，了无臂同意，而垂象枝叶扶疏，义如弓反也。固知结也者，实总括其游之谓。游谓之縿，参字固从糸也。周之礼，祭祀、朝觐，节服氏维王之大常。解者谓王旌十二旒，两两以缕缀连，斯为塙证矣。旌所以必结者何？说者曰：旌之言精，所以精进士卒，如州里建旟，所以进士众，率都建旗，士卒以为期也。禴禅祭祀，敦盘盟会，嗣是以降，虽皆有君行师从，卿行旅从之仪，而言吉行师行之异者，例之于精进，义无取也，故结之。虽然，旌为大名，渠得以一孔说邪？先师之说曰：收敛之不尽饰也，为诵《玉藻》，裘之袭不尽饰也，服之袭见美也；又为诵《檀弓》，竹不成用，瓦不成味，木不成斫，琴瑟张而不平，竽笙备而不和，其曰明器，神明之。比类合谊，厥意可得而说矣。

或曰：晋人治兵，传谓其建而不旆，非武车结旌邪？曰：是偶一为之，不可以破德车结旌之常法。

会　　试

子贡曰："夫子之文章可得而闻也；夫子之言性与天道，不可得而闻也。"子路有闻，未之能行，惟恐有闻*

记二弟子之言行，为诸弟子药也。盖诸弟子，有越所闻而冀于不得闻者，有屯所闻而不行者。子贡之言与子路之行，皆药也。且吾党有耳学也。耳者，心之译，躬之督也。离语言文字而标其高义，而译之道穷，即开宗明义，而诵以终身，而督之权失。其穷也，其过也；其失也，其不及也。君子齐之，顺译道，张督权而已矣。何以顺？质诸子贡，愿有所息，生无所息。夫子语子贡，则张之事也。子贡则已于诵书学礼之余，得穷理至命之要，而知受以渐也。断之曰，夫子之文章可得而闻，言性与天道不可得而闻。何以张？绳诸子路："未能事人，焉能事鬼？""未知生，焉知死？"夫子语子路，则顺之谓也。而子路则且以先甲后庚之相续，为日成月要之□增，而由恶其需也。拟之曰，未之能行，惟恐有闻。从经典散失之余，而楷模古昔，大师正读，遗工为容，守所闻而粟积圭增，非不尽各行所知之责。高心者厌其肤末，而有时傅会单文，以标为心得。图成太极，义立良知，而性分理质。传作五行，学明五际，而道母天人，录

---

* 以下四篇为蔡元培参加庚寅恩科会试（1890 年）第一场所作诗文。据顾廷龙主编：《清代朱卷集成》，第 69 册，成文出版社 1992 年版。

语名家，谓起千百年之覆是矣。而一再传后，异端孙之，方士曾之也。迹其横厉无前，不敢作能是亦足之想。盖亦仲氏子及群，孟晋之遗规，而进不以渐，遂以市失足旁门之罪也。君子存子贡之语，所以艮其止也。以官师代更之后，而申明家法文学之属，专而为经生、言语之学，散而为文士。积所闻而道海达河，自有与闻大道之几。戋识者甘于小成，而不思广味前言。以论思本义，诵数行墨，读诸经大义之论，而以为课无师，放从衡，得因文见道之法，而以为败律。杜塞异家，以奉一先生之言足矣。而师儒论定，逐末而蠹，失志而妖也。迹其无甚高论，故远于愚不知。量之为诚，亦端木氏心苦分明之本意，而葸积成需，遂以画多学，一贯之道也。君子论子路之行，所以震其志也。后之学者，于所不可闻，当以子贡之言节之，旦莫不□冀也。于所得闻，则以子路之行□之，豪发无所遗也。日积月加，岁集世最，而学富，而理足，而心乃开也。天命之谓性，一阴一阳之谓道，庸有不闻者与？

知所以治人，则知所以治天下国家矣。凡为天下国家，有九经

以人毋天下国家，所以治之者九也。夫未有能治人而不能治天下国家者也。何以治之？有九经在。今夫人积而家，家积而国，国积而天下。未有无人而可以为天下国家者也，则未能治人而可不谓之能治天下国家者也。虽然，治云耳，所以治云耳，果何以哉？果何以哉？越如先代，员及后王，当兹鸿任，莫不有万世常行之道在焉。以其近乎仁，近乎知，近乎勇者，知所以修身，则知所以治人矣。人者何？家人也，国人也，天下人也，尽此矣。君为国家者也，臣所言文武为天下国家者也。治家，治家人耳；治国，治国人耳；治天下，治天下人耳。无人，则无所谓天下国家。无人，则天下国家亦无所庸其治。不治人而以为治天下国家也，臣未之闻也。臣尝数古之治天下国家者矣。若任名之世，若任法之世，若任意之世，不以治人者治家人，而曰吾以治家也，不以治人者治国人天下人，而曰吾以治国治天下也，则家人不治则家不治，则国人不治则天下人不治，亦如是。乌乎！未有不治人而可以治天下国家者也，则未有不知所以治天下国家而可谓知所以治人者也。知所以治人则知所以治天下国家矣。夫曰所以治，则实有所以也。彼夫山林处士，若朝齐莫楚之辈，声之舌，聿之书，“吾能治家也，使井井其有理也；吾治国也，敦敦其顺也；吾治天下也，庚庚其平，逦逦其安也”。一

人云云，十人亦云云，未有以此若人治天下国家者也。不则其所以治者立见，虽然，盍竟其语矣。其必相羊其言，张皇其道，使人蒙于其所以也。而今之所谓知焉者，庸如是乎哉？越为广征之。文武以前，天下有王，天下有帝，天下有皇，咸所谓为天下国家者也。为之言治也，治之则有所以治者矣。外史所掌，师所陈，晋使所观，楚臣所读，凡为天下国家者，事具十九也。越理官属，越史官属，越议官属，支为诸子，别为百家，凡为天下国家者，事具十五也。年而读之，世而学之，会其要，最其目，有九经也。以是为经，其余事为纬。《易》曰："君子以经论。"斯之谓与。凡数，中数曰五，不及曰三，过曰九。九经，则实有九事也。其一修身，其八者，皆以治人也。信乎！知所以治人，则知所以治天下国家与。

霸者之民，欢虞如也；王者之民，皞皞如也

君天下者异，别于其民也。夫云王云霸，皆君天下者也，观其民何如别之矣。且民而皇，皇而帝，皆后王所目也。君天下者二道：王天下、霸天下而已。世徒以王王、侯霸，制作王，傅丽霸。命迥于远，王；命阕于近，霸。而乃右，王也；而乃左，霸也。将封建一坏，而王运相嬗，霸业不复乎？盍亦一一于易姓受命之初，观其民同也异也。且夫民何常之有？生鼎叔季，贾祸卖利，家人陆陆，妇子愁愁，卧而朝虑，起而莫谋，如旁坏墙，而别风淮雨荡也。则相与语曰："有王者作，风风我，雨雨我，乐何如！乐何如！"则訾而言，曭而思，溇溇也，下泣数行。他日又语曰："王不作，庶其霸。"乌乎！霸不作，皇于王，则又椎心顿足，泣尽而血也。子乎！际斯之民，所闻世，所传闻，有王也，有霸也，民乌知。祖考高曾之生其世，而俞俞夷夷者何如也？盖昔昔梦见之，而又昔昔韦异不同也。则蒙然愿为王者之民而已。则有如甲休丙王，土退金贵。创业之君，位如王者，制作如王者，土广轮如王者，民富有如王者，□远方如王者，君则苏苏也。虑民不吾是，而室于涕，而市于议，而谤于学，而颂声不作。而民已如颇而□，如寒而常，如瞽而明，齐心同愿，谓吾辈幸得生王者之世也。于是臣颂其君王者，君观其治实王者。鸿识之士吴言曰：其民如是，其王也，霸也，则且敦之。君天下，王天下也，何其霸？昔者龚工氏，介□农之闲，以水德君天下，而儒者谓之霸

九。有所谓霸天下,不也独是。君天下如是,民如是,由云是霸不王。王则何如与?子乎!如以张皇耳目,震董心志者素之,即无论斠三正,厕五德,长驾远武,已霸天下者,则与翻彭豕实录,籀齐桓晋重之春秋,林林壬壬,咸足已敖王者。乌乎!前民相期,思至于定甲;后人追想,哀甚乎子鳺?而生其时者,何曾自以为王者之民乎?鱼之于水也,鸟之于风也,冬日之阳也,夏日之阴也,民于王者亦若是则已矣。乌乎,此其所以为王者与。

赋得城阙参差晓树中得门字五言八韵

洛阳城阙壮，晓气压龙门。
十寺香山最，千重远树繁。
关河秦地接，槐柳汉宫存。
隐约桥通雁，高低瓦列鸳。
楼围晴霭淡，标建早霞轩。
云隙迷林塔，烟痕露粉垣。
画图开北苑，第宅盛西园。
白傅曾留记，元衡句漫论。

履和而至，谦尊而光，复小而辨于物，恒杂而不厌[*]

评履、谦、复、恒之义，如韦而合也。夫和则不鸷，撙则不广，小则不遍物，帀则厌，常也。履、谦、复、恒，义则不然。越若模略易象，捃补逸名。乾为物，坤为和，为至，离为光，艮为小。已及乾为君为王，而尊义傅也；坤为积为聚，为包为容，而杂义比也。又为丑而厌义种也。兑为契而辨义字也。盖乃经府之椎环、易林之斩丝乎！而达言盖寡，假音实多，旌履、谦、复、恒数事，而其株已亘守矣。履之为和也，其贞泽，其外天。乾为利，利以和义。兑为朋为友，和而不同。旁通坤艮，坤顺同字，所谓和顺也。而又言至也，有读为"至哉坤元"之至，义何其乎？至之言挚也，挚之言鸷也，严君民分，绝地天通，卓斯落斯，和而介。和而不流，不足以云，是以谓之鸷也。王雎关关，而鸷而有别，是其列也。文王与殷诸侯比，而竟能杜其午志，其由此道乎？至于谦以为天道下济而光明，故尊而光也。顾地中有山，盍以地道起义乎？尊之言撙也，光之言广也，山岳配天，而退居地中，是谓撙节，是谓谦之正义。天益时，地流时，鬼神福时，人好时，上足治天下，中足治国家，下足治身，是谓广

---

* 以下两篇为蔡元培于1890年4月29日参加庚寅恩科会试第二场所作的第一篇及第四篇。据顾廷龙主编:《清代朱卷集成》,第69册,成文出版社1992年版。

大，是谓谦之后语。培娄无云安大。大山之理，井谷封，或庸见东海之端。节如不广，皇多有之？文王去河西地，而天下于归，是谓自上下下，其道大光。凡阳为大，阴为小。复之为小也，为阳言之，已其始见也。言辨物何也？类族辨物，辨物居方，皆分别意乎？雷在地中，于分合何与？辨之言遍也。雷始声，户知之。坤为万民，为万国，遍义所由。知囿一官，行比一乡，不遍也。地方百里，惠泽蒙乎有识；寿或大齐，规画周于亿禩，遍也。一阳哉，生而息，而为二三，四五以成，乾胎焉尔。故曰小而辨于物。恒之为杂也，以为乾坤交，则盍取泰也，已为夫妇错居，有不厌之道，则咸何遗也？杂读为帀，古所谓圆周复杂，一杂之寿，皆帀之谓也。厌之言止也，日东于生，月西于夜，环而不已。水退而木，土毕而秋，禅如如，旧三正，三而更，文质再而复，天地之道，圣人之化，于是乎见矣。

秋七月辛巳，豹及诸侯之大夫盟于宋襄公二十有七年

书宋之盟，有微言也。夫宋之盟，诸侯不在，大夫盟。重书诸侯之大夫，微言也。《春秋》之诛无君也，有正言董之，有微言动之。董之奈何？诸侯无王，去王以见之，而竟任其安于无王也。君子所戚也，于可以起列之处大书王，以见不能逃天下有王之义。如桓公元年，书“春，王正月”，是动之奈何。大夫无诸侯，去诸侯以见之，而竟谓其无时有诸侯也。君子所悲也，于可以回护之处复书“诸侯”，若不遂其无君之心。如襄公二十七年，书“秋七月辛巳，豹及诸侯之大夫，盟于宋”，是溪泽之会，详书诸侯，已于其盟也。书“诸侯之大夫”，以为诸侯在，而使大夫盟，是诸侯失正，所以责诸侯也。大夫以诸侯之命盟，未可谓全以无君之心行之也，且上蒙诸侯，而书“诸侯之大夫”，其言则顺也。溴梁之会，上有诸侯，而书“大夫盟”，文有可蒙，而故离而异之，使若非诸侯之大夫也。乌乎！此大义之所在也。乃如宋之盟，前无诸侯，而书“诸侯之大夫”，文无可蒙，而故傅而属之，若嫌于非诸侯之大夫也者。乌乎！此大义之所在也。溴梁之会，君在也，君未有命也，而大夫盟。是自会溪泽已后，朝莫□无君之心，而断断不敢肆者，至是遂一肆而不复有所顾也。乌乎！是不□也，谁可□也，□之于诸侯。所以正其罪，以告天下，万世以为鉴也。虽然，此实天下大变，人理所以沦亡，君子固无如何，而复以天下理人心之竟不得斯尽也。重□之，则无复归

路，而将一意横肆而无已也。何如假之以名，为迷离回复之辞，以荡之震之，使知君臣之义，无所逃于天地之间。畏其章而幸其不大败坏，而于是觉也。由得假之名以覆其罪，而既实也。盖间数年，得宋之盟，而君子有所藉手也。宋之盟，则大夫自盟也，而君不在也。观其迹，与君在而盟者相去不可道里计也。因而为之辞，使若固受命于其君也者。使若溴梁会后，竟不遂其无君之心也者。而□也，而重属之，以为能正其过者劝。大书曰“诸侯之大夫”。乌乎！此大义也。自宋之会，中国不侵伐夷狄，夷狄不入中国，无侵伐八年。君子所乐也。而止于澶渊之会，见其意而于此。则切虑长思于君臣大义，而晋武楚建之功，且不皇及也。而论者乃以区区卫石，恶塞其责，其井天蠡海之见也夫！

[会试第三场]第一问*

自春官失守，礼在儒生。鲁国师传，嬗逮王史，经记略备。至秦大坏，汉诋罗其夷余。高堂所传，淹中所得，同者十七，而三十九篇逸也。后孟已下，传者多家，目有三别：一由小戴，一本大戴，一在刘子政《别录》。《冠》《昏》《相见》，三者同同。余则甲后丙先，各有义类。汉末郑公，理董先师旧学，而为作注，定用刘氏本也。所录经文，左右毛之。古格今假，既同鲁壁之文；今某古谋，乃用容台之字。都百余事，诸所不取，表见注末。如《周官》存故书之名，《戴记》有"或作"之语也。射礼释获，偶奇错列，横由闲陈，而东西夥于三成，左右或其一列。固知获算异名，射数通法，算文三画，亥字二首，皆其例也。匹由有仓造文，上基下积，异彼西域诸国旁行书记者矣。《尔雅》云，室有东西厢曰庙，无曰寝。礼家之言，曰大夫已下，庙有左右房，寝则东房西室。切谓寝之为制，亦复不一。郑君之笺《毛诗》也，谓天子燕寝左右房。夫独言天子如此，用知其余则不。盖正寝二房，燕寝一房者，与夫《戴记》"若夫"讹"丈夫"之义，《秋官》"都则"断"大夫"之文，千虑一失，大儒不免。《礼》古经注亦有微瑕。释小臣师，偶泥师长之故；论左右正，乃及乐正之名。

---

* 以下两篇为蔡元培于 1890 年 5 月 2 日参加庚寅恩科会试第三场所作第一道、第二道策问。据顾廷龙主编：《清代朱卷集成》，第 69 册，成文出版社 1992 年版。

良由《仪礼》官名多侯国之制，为《周官》所略者也。《周礼》五篇，盖如后世之会典，积禩八百，年更世易，是以周人传言，难为石契。或以言建都不合《洛诰》，言封国不合《孟子》，掌客不合《聘礼》，典瑞不合《杂记》，朋张仇李，目为伪书。是则后王令甲，定同宗祖之律；儒士传闻，莫北史官之记者。与梐同声，宜得行马之故；素沙依字，信合白缚之名。追享则禘也，朝享则祫也。正义既树，异说咸罢。郑君序云，世祖以来，通人达士，郑少赣、子仲师、卫次仲、贾景伯、马季长，皆作《周礼解诂考》。《后汉·儒林传》、郑众传《周官经》，马融作传，授郑康成。《郑君传》谓受《周官》于张恭祖，《贾景伯传》谓父徽从刘歆习《周官》，而贾氏《周礼疏》又谓杜子春为刘歆弟子，郑众、贾逵受业也。是故刘贾哉（裁）之，郑马福之，杜则参之，张咫衢之，同本异支而会于郑君也。郑君罗郑杜之义，文字多异，用知因本氏所传，已为定本，别刘贾中文，谓之故书，已以二郑同宗大儒，而云司农大夫，杜子春则题其字，可以自序贾景伯、马季长为列，庸有规墨先师，赞辨遗语，而娄道其名者乎？叔重解字，曾题贾伯之官；君山论经，亦书秦君之字。儒先忠厚，固如是也。《五代史志》《经典释文》，咸因晋陈傅良语，谓戴德删古礼三百四篇为八十五篇，谓之《大戴礼》，戴圣删《大戴礼》为四十九篇，是谓《小戴礼》，而因谓马季长、卢子干有淯有谱。夫大小戴皆后氏弟子，庆孝公与也。《后书·曹叔通传》谓其传《礼记》四十九篇，庆氏学遂行于世。《桥公祖传》谓七世祖仁，著《礼记章句》四十九篇，季卿固小戴弟子也。是知近君所传，本无戴庆之异；桥君名学，远在卢马以前。而目定卌九，足为干城。郑注引今《月令》十七事斠之，《文信春秋》《淮南·时则》，十无五合。切谓今如《仪礼》今文之今，盖汉时别本单行，所谓《明堂》《月令》者也。许叔重所举，蔡中郎所读，皆是本也。是以许书霥雨，蔡集封玺，声同名同，足为强任矣。《曲礼》稷曰旁，《士虞》明齐之注，因而顛造檀弓舞。斯由前后重文，作二传者误加。王氏《读书志》，陆氏《释文》，谓不当有，实为平议。孔冲远《正义》序云，为义疏者，南人有贺循、贺玚、庾蔚之、崔灵恩、沈重、范宣、皇侃，北人有徐遵明、李业兴、李宝鼎、侯聪、熊安生，其见于世者，惟皇、熊而已。今以皇氏为本，有不备以熊氏补也。是则目断于诸家，笔局于工本，书中义罗贺沈，辨驾徐侯，盖袭旧引，未有创通者也。夫三礼者，平世之会要，汉学之大宗，有志之士大由小绎，盖将晋司农之门，窥宗伯之室矣。

[会试第三场]第二问

越自断绳造字，已理官民。政颠事记，史籍员作。《书》与《春秋》，实为大宗。而《周书》逸篇，厕战国之长语；鲁史旧本，止星复之单文。与夫子长所略，有如《世本·作篇》；孟坚所遗，偶在《西京杂记》。古文区盖，成学伤之兄，复范书《后汉》，陈志《三国》，贞观《晋史》，休文《宋书》，景阳《齐书》，去取未说，补正有待者乎。汉自中兴已后，东观作记，逮于有吴，而谢承《后汉书》作也。传标风教，已及东夷，而帝纪盖阙。匹如有纬无经，织妇之专愚也。云及晋世，司马彪讨论众书，为《续汉书》八十三卷，录一卷，刘宣卿注其八志，取以补范蔚宗书。故纪传既逸，书志完也。蔚宗传论，本华峤《汉后书》者，盖十余篇。叔骏言词简质，叙次温雅，实孟坚之亚。而传栞外戚，纪列皇后，员为蔚宗作俑。原夫纪传之作也，有类于《春秋》经传，如有君国大事，朝野鸿议，则记提其要，传疏其翔，曾是郭阴际遇，何曹氏族，而编名为纪，于义何居？故知过由不及，与武陵同讥者矣。于时袁山松亦作《后汉书》百篇，其《天文志》专志本朝象，变通班马之穷，为萧魏所法也。三国鼎足，论者谓蜀无史官，故记载不具。是故鱼豢《魏略》，王沈《魏书》，当途之隽也；韦昭《吴书》，张勃《吴录》，江东之伟也。鱼氏传诸时人，各为题目，《儒宗》著论，有会诗人子衿之义；《知足》风世，叵詥阳秋致治之法。至若《纯固》《清介》之名，《游说》《勇侠》之流，畺门别类，有同类书。《魏书》四十，志篇不备，而《晋书》薄其多讳。《史通》议夫曲笔，以云实录，孙国志已韦氏书，帝魏名蜀，而吴蜀同科，与夫尼甫之公鲁，鲁连之帝秦，意何远乎？疑为魏晋人所辞也。《吴录》遗文。《地理志》为多，有所谓《士林》篇者，盖如《前史·儒林传》与？《晋史》十有八家，集录逸篇，无多于王隐《晋书》。《地道》一记，世士寿之，惜其多谙旧事，而雅意小言，瑞异为记，鬼神作传，可谓有学无识，如愚贾买物，取癸去甲者也。而何法盛《中兴书》，曾无先觉，仁是二创。其易纪表志传为典注说录，亦不思本义，勇易旧名，至如诸录小题，多如会稽贺录、济阳江录之列。良由时重谱学，当王者贵也。唐朝之修《晋书》也，以臧荣绪为本。臧书旧目《五行志》《刑德志》《地理志》，群书所述，数语而已。其言曰，史无论断，则起居注耳。子乎！曾不思事类去取，文章离合，皆史法所寓。而独张高论，敖彼族史，方之《人表》，亦史品之中中者乎？荀勖建议，《晋录》限于正始；徐爰编撰，《宋书》哉（裁）于义熙。皆起年大越，断代不当者也。休文讨论徐书，谓多非实录，难以取信。而州郡诸志，时时道之。亦自以落彼萧蓬，若此兰蕙。而裴子野删其所作，以为《宋略》，又自叹不逮也。裴书工模《左氏》，多录杂文，中失午见，刘居巢言之祥矣。方之吴均，《齐春秋》朝会，常事而迥，题万国变异，偶书而难。发公芊理同道会，过之远矣。夫龙门《史记》，题《太史公书》；兰台《汉书》，始《高帝本纪》。通史则如彼，断代则如此。而熊襄《齐典》，事包十代，而名或一朝，自以取法先民，如《虞书》之存《唐典》也。梁武帝命其群臣頵《通史》六百卷，躬制赞叙，已视宋帝造臧质之传，唐宗作右军之赞，多多益辨，文词都矣。西晋郭颁作《魏晋世语》，孝标许其详核，世期谓之鄙劣，盖多识异事不功文笔者也。晋后史官訾㑋《左传》，有同寿（兰）陵萧方等《三十国春秋》，以桓宣武忧燕之言，放熊且比重随之语，貌异心同，所谓偶中者与？常道将作《汉之书》，仕晋已后，更名《蜀李》，盖取别《汉书》，示异《蜀志》云耳。《上党国记》，《晋书》举明楷诸人，《史通》举徐光之属，盖各为偏举，午有遗落。或一称监者，一举撰人也。车频《秦书》，本赵整所集，此如苏宝续何郎之作，异乎虞氏偷处叔之书也。《五代·经籍志》有张诠《南燕录》五卷，又有王景晖《南燕录》六卷，唐贤所引或云《南燕书》矣。刘昞作《燉煌实录》，独辟榛芜，广罗楠杞，故当博于《华阳》，誉同士燮。前赵季世，和苞作《汉赵记》。其书桀题太子，傅《春秋》郑忽之义；曜为今上，比子长《孝武》之文。至刘聪书名，未闻其旨也。大凡记地里者，本于司徒及职方氏。诸官记书目者，本于外史。诸官记职官者，本于大宰及司士。诸官记律法者，本于理官。晋陆澄集《山海经》已下百六十家，为《地理书》百四十九卷。任昉又增八十四家，为《地记》二百五十二卷。此实专门之鸿业，丛书之鼻祖也。雠书定目，《七略》为最。王俭《七志》，阮孝绪《七录》，放也，皆去其《辑略》，而增立他门，足成七数。《七志》者，一经典，二诸子，三文翰，四军书，五阴阳，六术艺，七图谱，最后一志大为郑渔仲所美。地图书午，证事类斯，周不能放。任宏录图，傅书之列，而分立专门。匹由经传异处，叙录单行矣。《七录》者，一经典，二记传，三子兵，四文集，五技术，六佛，七道，其合兵归子，未为巨谬。别史于经，亦不得已也。末譄佛道，则由老庄未退，经教盛行，取合时宜，张之焉尔。地各占一录，与经典颜行，竟不如《七志》傅见之为安也。王珪之《齐职仪》五十卷，徐勉《梁选簿》三卷，为官礼之属。贾充《晋令》卌篇，始户竟杂法。蔡法度《梁律》廿篇，由刑名至违制，为法家之言已。上诸书皆古史别子，诸子绪余，聿墨不寿，十无一传，员本五代史志之目，约刘文之论，征裴世期、刘宣卿、孝标诸人所引唐宋类书所存断章逸义，理著百一焉。

殿　　试

殿试策论对*

臣对：臣闻三代盛时，学晐于治，治派于官，官司职业，《周礼》备矣。帝王经论，于兹集成；诸子之书，权舆焉尔。楬橥山川，县土地域，以立城郭，是为形法家，出于职方形方之官。便章名位，课责实事，以定民志，是为名家出于礼官。斢量道宝，要会政贡，以斠度支，是为农家，出于农稷之官。管钥权谋，稽检餫馕，以周武卫，是为兵家，出于司马之官。班固曰："今异家者，各推所长，穷知竟虑，以明其指，亦六经之支与流裔。使其人遭圣主，得其所折中，皆股肱之材。"洵知言矣。

钦惟皇帝陛下祖述尧舜，宪章文武，宗师仲尼，既以儒学为天下大经大本，而天网罗百家，以兴庶绩，诚所谓治无不贯矣。乃圣德质渊，符同道要，持帝典之克攘，益大易之嗛嗛。进臣等于廷，而策以地理、礼仪、食货、兵卫诸大政；如臣常桓，何足以备愳闻。顾惟小说家者流，閰里小知、道听涂说者之所造，亦使缀而不忘；敢不一抒愚虑，敬傅刍荛狂夫之议乎？

伏读制策有曰："西藏屏蔽川、滇，为古吐蕃地，因地域广袤，考其山川道里。"臣谨案：大举九州之势，以立城郭室舍，此形法家所

* 1892年4月，蔡元培赴北京补复试(会试)，中试后，即应殿试。据清光绪壬辰科殿试策论卷。

长也。唐贞观八年，吐蕃弄赞遣使来朝，是为通朝贡之始。其地察木多曰康，为前藏；布达拉及大招寺曰卫，为中藏；扎木伦布曰藏，为后藏；极西曰阿里：是为四部。由中国入藏有三道，由打箭炉、内皆腹地、外环土司为孔道。其幅员北界河源，南界大金沙江，西距雪岭；东西六千余里，南北五千余里。元宪宗于河州置吐蕃宣抚司，于四川徼外置碉门等处宣抚司。世祖后置乌斯藏郡县，以吐蕃僧八思巴为大宝法王帝师领之，嗣者数世；弟子号司空、司徒、国公，佩金玉印。明洪武六年，以摄帝师为国师，给玉印；置乌思藏、朵甘二指挥司招讨使、万户所、千户所，以元国公南哥思、丹八亦监藏等领之。中藏今达赖所居，唐吐蕃建牙所也。其山冈底斯最大，在后藏达克喇城东北三百余里，即阿耨达山。《水经注》引《西域记》谓阿耨达即昆仑，杜佑云："吐蕃自云昆仑在其国中"，午相证明，斯不诬矣。其相近大山四：狼千喀巴布，达木楚克喀巴布，僧格喀巴布，麻布佳喀巴布。达木楚克喀巴布之阳，雅鲁藏布江出焉；而东南流入于南海。其西澜沧江有两原：一出格尔吉匝噶那山，一出巴喇克拉丹苏克山，会于义木多庙前，而东南流入于海。其西潞江出卫地喀萨北布喀鄂模，而南流入于海。由藏至天竺有两道：一自后藏西南经布鲁克至东天竺，一自阿里西南二千余里入厄纳特珂克，即中天竺也。我皇上功成度邑，典重厘方，固已作九共之书而陈盖地之图已。

制策又以五礼之目，宾居其一，因旁罗经记，以核其制。臣谨案：名位不同，礼亦异数，名正言顺则事成，名家所长也。《周礼》大宗伯以宾礼亲邦国，春见曰朝，夏见曰宗，秋见曰觐，冬见曰遇；时见曰会，殷见曰同，时聘曰问，殷頫曰视、朝、宗、觐、遇，则朝之别也。盖随其至之早晚而与为礼，故四时异名。旧说谓东方朝，西方觐，南方宗，北方遇，讹也。《书》云："五载一巡狩，群后四朝。"《礼·王制》记云："五年一朝。"郑康成谓虞、夏之制，诸侯岁朝。《王制》所记，晋文、襄霸制也。《秋官·行人》六服与《周语》五服似异实同。说者曰："周之王畿，禹之甸服也。叙日以令祭，岁遍。侯服、甸服，禹之侯服也，叙月以令祀，近者一岁，远者二岁，则遍。男服、采服，禹之绥服也，叙时以令享，近者三岁，远者四岁，则遍。卫服、要服，禹之要服也，叙岁以令贡，近者五岁，远者六岁，则遍。夷服、镇服，禹之荒服也，世一见曰王，此其义也。《郊特牲》旅币无方一节，为诸侯朝天子庭实之礼，他书可证，《左氏春秋》说庭实旅百，亦其一证也。至若朝位宾主之间，异说夥矣；以经记觇理之，古诸侯朝天子礼，《周官》以外，尚有遗篇，《大戴》记之。自秦罢侯置守，无复古仪。《通典》分为四目，通关古今，创立条流，于义当矣。我国家陈谟协虑，礼意周详，《王会》成书而旅巢作命，岂不袆与。

制策又以《周官》仓人主藏九谷，廪人主藏九谷之数，赒赐稍食，即今京通仓之制所昉，而详考其沿革。臣谨案：秦有治粟内史，汉有治粟内史、大司农、搜粟都尉、治粟都尉。仓部郎之名始于魏、晋，宋、齐、梁、陈、北齐、北魏、隋皆有之。唐曰仓部郎中，五季、宋同。明初置京通仓，以户部司员经理之。其时以尚书侍郎专督仓场，所属有坐粮厅之属。今制有总督仓场侍郎，其属有坐粮厅，以给事中、御史各部郎中简用，二年而代。有大通桥监督，以各仓监督选充。有京通各仓监督，京仓十二，通州仓二，惟丰益、恩丰二仓由内务府遣官主之。余仓以内阁中书、部院寺监属官选充，三年而代。官得其人，则夫偷漏之私，烂蒸之患，亦何难彻底清厘哉。皇上重农贵粟，卓跞汉京，太仓之粟充溢，而民人给家足也已。

制策又以三代之盛，寓兵于农，而以后世屯田之法为得其遗意。臣谨案：屯田之法，始于汉文帝募民耕塞下，武帝行之于西域，而屯田之名始立。车师、渠犁、乌孙、伊循之属，在今伊犁、辟展等处。武帝时通西域，置校尉屯田渠犁。昭帝后又遣郑吉田轮台并及车师，而都护之名自吉始。傅介子屯于伊循，常惠则屯于乌孙，皆建奇功。而赵充国于神爵元年陈屯田便宜十二事，所云留屯以为武备，因田致谷，威德并行，居民不失农业，及省大费、戒不虞诸科，皆谠论也。自是已后，六朝、唐、宋，或以民屯，或以兵屯。民屯者，规墨乎汉文；兵屯者，肇祖于武帝。语其治法，固皆有利而无弊也。皇上泽被垓埏，利详水地，将删《商君》之《开塞》，补《吕览》之《审时》已。

若此者，形法家不破碎，名家不謷，农家不鄙，兵家不变诈。诚升平之阶陛，登咸之科律矣。窃惟诸家之书，宗义不同，而观其会通，百虑一致，相反而相成也。《韩非子》曰："君守始以知万物之源，治纪以知善败之端。令名自命，令事自定。有言者自为名，有事者自为形。形名参同，君乃无事。归之其情，群臣守职，百官有常，因能而使之，是谓习常。"臣伏愿皇上通万方之略，致知一之微，采儒墨之善，撮名法之要，因阴阳之大顺，因时为业，无所不宜。至于设官分职，各搴所长。习形法家言者，使之正方位，蠡华离。习名家言者，使之定考格，条家法。习农家言者，使之录民天，会国用。习兵家言者，使之经五事，度九地。康事兴功，布同日进。用以荡荷辛之失，农翼为之责，洽明俌之义。会归有中，御衡不迷。则我国家亿万年有道之长基此矣。臣末学新进，罔识忌讳，干冒宸严，不胜战慄陨越之至。臣谨对。

朝　　考

廷尉天下之平论*

盖闻易家之言曰：坎为法、为罚、为狱；兑为刑，夫摹略坎画，右契水文，兑为坎象半见，责义于泽。泽，水所钟也。孔子曰："水主量必平，似法。"管子曰："水者，万物之准。"说者谓万物取平焉，故曰准。《说文解字》曰："法，平也；平之如水，从水。"又曰："准，平也，从水。"而《周书·立政》有准人，传家曰："准人平法"，谓士官撢捈赜动，稽撰文字，祥刑要略，平而已矣。

汉张释之谓"廷尉天下之平"，洵饬法之格言、正本之谠论乎！寻尉之本义，从上按下，于文从又持火，申缯无所取之，盖取诸平。以尸为声，尸古夷字，夷有平义，亦合节也。夫郑国东鄙，弊狱之官本曰尉氏，左氏所记，郦元所释，其义古矣。秦之廷尉，实胎郑义，汉氏仍之。景帝中年，更名大理。建元以后，遂复故称。

窃考汉世居斯职者，宣义、育、围之属，昌、嘉、信、福之伦，并皆轶事无闻，法言鲜著，彼哉彼哉，何足选也。若张汤、朱博、杜周、王温舒之徒，又以武健严酷胜任愉快，匹由太师正律，司市谨权，而傎到重轻，以为标志。天下靡然从风，固其所也。惟孔光以练法令号称详平，而于定国决疑平法，罪疑从轻，加审慎之心。朝廷称之

---

* 以下三篇为蔡元培于1892年5月参加壬辰科朝考所作论、疏、诗。据清光绪壬辰科朝考卷。

曰：张释之为廷尉，天下无冤民；于定国为廷尉，民自以不冤。由其洞明大体，子良心生，比事典文，便便无党。屠伯之流闻风而敛迹，端吏可为原心而定罪。言道德者遂以识职，释之曰："廷尉天下之平"，壹倾则天下用法皆为之轻重，民安所措其手足，可谓言行合节，规墨亦世者矣。

客有谓杜周曰："君为天下决平，不循三尺法，专以人主意指为狱，狱者固如是乎？"周曰："三心安出哉？前主所是著为律，后主所是疏为令，当时为是，何古之法乎？"释之曰："法者，天子所与天下公共[也]。今法如是更重之，是法不信于民。"均廷尉也。其度量相越，岂不远哉！

夫记刑之书，古名《八索》，索之言素也，空也。空设其法，无所用之云尔。出礼入刑，《春秋》大义；平国轻法，楬于《周官》。刑措不用，惟平之基。持刑枋者思释之言哉。

审乐知政疏

臣闻巢襄以前，质素未九，士萌大朴，君相无为，官朝经论，寡可注录，媎雅百五，无闻焉尔。洎乎黄辛正位，伊姚嬗图，便章伦理，成相道宜，功兴万事，治周三世，旁和积顺，诉地昭天。遂乃声以同律，颂以行缀，匹膳合而能言，异重而邪许也。

天常帝功，葛天所为达；大化九原，夏道所由兴。七始五言，实会齐故之义；株离曼彧，乃宣在易之文。德广所及，陈南昧于羽韐；师儒得民，教国胄以德语。元委支根，察而可见。

至若步骤异道，驳粹殊方，山泽生龙，培娄无柏，度量远越，复不相蒙。是以端木论政，河间记乐，咸规斯义，斠量百王，而《小戴》裁曲台之礼，少孙补太史之书，重译囊言，广足余义，言之津津，勿可易矣。

彼夫道家者流，云曾李耳；墨氏之法，权舆《尹佚》。原出史官，多识故事，宜其老于觇国，知足睹微；而钜子传《非乐》之篇，庄生著乱律之语，殆由邹大无纪，籍谈忘祖者也。

夫三古盛时，乐章异重。五祀封禅，阳仪贡其正声；周官师胥，士夫任其专职。直宽刚简，乃申之以律永；和庸孝友，复道之以诵语。当王者贵，证明为易。

是以咸云章夏图纬，故其题目，风南雅颂，季子评其中失，晓泠神指，时垂名言。秦汉以后，经记不周，制窦所传，杜荀所定，见知见仁，未为中契。

大明、大顺之作，高安、理安之名，基命颂功，代有述造，核其本始，大都具文。谁复株春官之别子，阚治职之大经，匹由言为心声，仪以定命，此之不类，动生衅朕，斯先民之所详，近古之所忽也。而随文致鉴于陈词，平一腾讥于齐曲。和神定气，文中以颂昭德；金石谐婉，知古以占大庆。谈言微中，要为知音，今乐犹古，其揆一也。

圣朝治定功成，敦和章德，大蒙反踵，北户空桐，皆渐安乐之音，而湛粲晏之化矣。臣谨疏。

赋得江心舟上波中铸得铜字五言八韵

舟放波心去，奇珍铸不同。

长江澄作镜，造物巧为铜。

鼓鞴烦苍使，张帆付碧翁。

寒芒团雀舫，宝气烛鲛宫。

竹箭流偏稳，菱花制倍工。

金焦双影跃，水火一炉融。

错道犀燃渚，何愁鹢退风。

和鸣赓白句，陶冶荷恩隆。

如有王者，必世而后仁*

王者必有拨乱之法以酿仁也。夫天下人人相人偶之谓仁，所谓升平也。王者据乱而作，其必阅世而后能乎。子曰："吾志在《春秋》。"立三世之法，所传闻世，著治起于衰乱之中。所闻世，著治升平。所见世，著治太平。人事浃，王道备。如有用我，举而措之。夫岂不知礼教陵夷，儳焉如不终日，而尚为此迂回哉。创巨者日久，痛深者愈迟，不必究极精微，侈谭文致，而据乱而作，驯致升平，其间旷日需时，固已多矣。

我周之初，治定功成，乃始造为冠昏丧祭乡相见之礼，以体貌情性，形容耆欲。于是宙合之中，灏灏酡酡，苴块既陈，胡輂未彻，惮诡偯忾，如存如生，其况采兰絜养、常棣孔怀者乎。沙海所限，象鞮所通，传言呼敇，踪优路仁，其况伯叔甥舅、祭祀享贡者乎。国笑虞芮之行，人识隈潭之让。於呼，何其仁也！

夷幽失职，镎于平桓，天子微弱，诸侯力政，大夫专国，士专邑，臣弑君，子弑父，孽杀宗，不能统理；更相伐锉以广地，以强相胁，强奄弱，众暴寡，富使贫，并兼无已。逮于今兹二百四十年，弑君三十六，亡国五十二，诸侯奔走不得保其社稷者，不可胜数，人伦

---

* 此文为1893年秋蔡元培游广州时所作，文题取自当年广东乡试考题。据《蔡太史拟墨》，1893年印行。

之变，疆埸之事，习贯故常，言堂满堂。於呼，又何其不仁至斯也！于斯而欲规以和亲之书，绾以友任之行，不其难乎。譬犹手足拘挛，血脉夭阏，医家言谓之不仁，攻溃疏瀹，非可视由而已也。

有王者起，刑乱国用重典，详内而略外，立义以明尊卑之分，强干弱枝以明小大之职，别嫌疑之行以明正世之义，贬纤介之恶以为坊，采毫毛之善以为饵。当世桀才枭思敢于干不韪者，始而知惧，继而知愧，行之数十年，沉浸永久，而后君群、臣坚、父矩、子字、兄况、弟悌、夫扶、妇服、士事、民瞑，互相保有，互相人偶。於呼，不其难乎！

越之霸也，区区小补，犹云“十年生聚，十年教训”。况乃大坏之后，纳之规墨，阅世而成，固当为速。而世主方复以汤止沸，以茹鱼去蝇，不流之遏，而反道之。世变澜漫，日兹艰难，余所为渊渊悢悢思新王也。

荀 卿 论*

维周师儒，贤道得民，时无官表，名氏不彰。景敬之间，孔氏崛起，差等百王，译著六籍，揭日而行，亦世衷焉。七十二贤，颟若画一，绵褫六国，稍稍陵迟。邹峄老师，稷下祭酒，肇震董之，吾道干城，杰于华岱。孟纡救时之策，荀宏存古之烈，先后一揆，功足相埒，史公列传，各为题目，至精说矣。同门异户，侂于子云，择精语详，嗛于昌黎，孟书大明，而荀学绌焉。夫说《诗》逆志，丧礼末学，舜禹之事，理在不疑，班爵井田，闻其大略，孟氏所长，《春秋》而已，主于变文，从质为后，制作明经掌故，我则未暇乐正，孟仲厕名八儒，学派中辍。荀子极论礼乐，反复学修，大小戴记，资为邛蟨，《诗》会韩、毛，《春秋》左、穀，推本兰陵，并有流别，《赋篇》《成相》，霸国风祛之附庸，脉京都蓌之岷嶓，儒林文苑，是之自出，厥功巨矣。孟氏达情性之原，严义利之辨，操存梏，亡扩充，然达孔氏之门，功参殆庶。荀子以缮性为本，以隆礼为质，以积微为强，以解蔽为明，变化质气，克治私欲，有宋以来，儒先精语，多胎于是。说者谓陆王学派掇孟之真，程朱语录撷荀之粹，衡量功候，良非矫诬。而幡旷学案，拒陆之说，多于违朱；绳荀之篇，寂于申孟。乔抑无

---

* 此篇为蔡元培于1894年4月代夏同甫所作的甲午朝考文章。在蔡元培的记述中，称夏同甫为“同年”。据蔡元培手稿。

律，所未详也。诸子之原，推本官守，祖师著录，相生相成。及周之季，末流波靡，骜辟刻荡，蠭午并作，攻乎异端，先师所叹。孟氏立言，专辟杨墨，放豚入苙，归斯受之。荀子修儒效之本，推异家之长，《正名》《议兵》《富国》《天论》，刑名从商，君子必辨，固已括囊名法，陶铸兵农，而非乐诘墨应宋，非十子，解六蔽，正论世俗之七略，所云舍短取长，荀子有焉。夫其张皇经教则如彼，发挥道术则如此。此诚六艺之大师，百虑之要归也。而论者或摘其片言指为巨创。岂知韩婴《外传》，不著非孟之辞；董生《察名》，未引性恶之说。流传别本，容有增加，韩非、李斯，固优为之。集矢本师，未为通论。若乃其父杀人报仇，其子行劫，苏子文致之辞，又其枝也，可无辨焉。

图书在版编目(CIP)数据

蔡元培闱墨辑存 / 蔡元培著 ;《蔡元培全集》编委会编. — 北京 : 商务印书馆, 2024
(蔡元培全集 ; 卷一一)
ISBN 978 - 7 - 100 - 23137 - 4

Ⅰ. ①蔡… Ⅱ. ①蔡… ②蔡… Ⅲ. ①科举考试—试卷—中国—清后期 Ⅳ. ①D691.46

中国国家版本馆 CIP 数据核字(2023)第 193790 号

蔡元培全集
卷一一
蔡元培闱墨辑存
蔡元培 著
《蔡元培全集》编委会 编

商 务 印 书 馆 出 版
(北京王府井大街 36 号 邮政编码 100710)
商 务 印 书 馆 发 行
北京新华印刷有限公司印刷
ISBN 978 - 7 - 100 - 23137 - 4

2024 年 11 月第 1 版　　开本 880×1240 1/32
2024 年 11 月北京第 1 次印刷　　印张 5

定价:52.00 元